Comtesse de La MORINIÈRE de La ROCHECANTIN
Avec une Préface de GUGLIELMO-FERRERO

CROISIÈRES

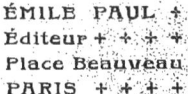

ÉMILE PAUL
Éditeur
Place Beauveau
PARIS

CROISIÈRES
en
ADRIATIQUE & MÉDITERRANÉE

avec une Préface

de GUGLIELMO FERRERO

Tous droits de Reproduction et de Traduction réservés pour tous pays.

PUBLISHED 15 JULY 1907
Privilege of copyright in the United States reserved under the act approved March 3 d 1905 by la Comtesse de La Rochecantin.

Tombeau supposé
d'une Prêtresse de Tanit
trouvé dans les fouilles de Carthage
par le Père DELATTRE

(Voir Page 257)

*Ainsi que du sol éventré
Tu sortis, ô prêtresse fière
Tenant ta colombe et ta pierre
De ton geste fixe et sacré*

*Quand on a vu le mont et l'île
Foulé le sable et bu le vent
Ainsi du voyage mouvant
Sort le souvenir immobile*

ABEL BONNARD

KARTHAD-HADTHA

Comtesse de La MORINIÈRE de La ROCHECANTIN

CROISIÈRES
en
ADRIATIQUE & MÉDITERRANÉE

avec une Préface
de GUGLIELMO FERRERO

TUNISIE
VENISE - BOUCHES-DE-CATTARO
CORFOU
SICILE - TRIPOLI - MALTE

Ouvrage orné d'une Gravure
hors texte en couleur et de
190 Photographies originales.

ÉMILE PAUL, ÉDITEUR
Place Beauveau ✢ ✢ ✢ ✢
PARIS ✢ ✢ ✢ ✢ ✢ ✢ ✢ ✢

PRÉFACE

Turin, 5 mai 1907.

Chère Madame,

Je vous remercie bien vivement de m'avoir communiqué le manuscrit de vos impressions de voyage ; de m'avoir montré la superbe collection d'illustrations qui va orner le volume. Par la plume et par la photographie, vous m'avez fait faire un voyage idéal à travers l'Adriatique et la Méditerranée qui m'a intéressé beaucoup au point de vue artistique, historique et politique.

Que de souvenirs anciens, que de préoccupations contemporaines s'attachent à l'Adriatique ! Nous pourrions bien l'appeler aujourd'hui, comme l'appelait Horace, mais dans un sens différent, l'inquietus Hadria. Sur ses deux rivages, le voyageur trouve d'imposants vestiges, de superbes monuments, des paysages d'une admirable *beauté et des problèmes politiques compliqués, difficiles, dangereux. Vous avez décrit les paysages ; vous vous êtes émue devant les monuments et les vestiges du passé ; vous n'avez, comme il était naturel, touché aux problèmes politiques que par incident. Mais il y a dans votre volume des observations et des renseignements qui ne seront pas inutiles à ceux que préoccupe l'avenir de cette mer, les discordes des peuples auxquels elle devrait appartenir, les projets obscurs de domination qu'on élabore dans le nord de l'Europe.*

Vous avez longuement visité, dans la Méditerranée, les régions où l'Islam a détruit tout ce que Rome avait créé. Dans cette partie de votre volume aussi, comme dans la précédente, les souvenirs du passé et les descriptions du présent se mêlent à chaque instant. En vous lisant, je me posais une de ces questions insolubles, qui se présentent si souvent à l'esprit des historiens. Que serait-il devenu le monde méditerranéen, si la civilisation issue de Rome avait pu garder l'Afrique septentrionale, de l'Egypte au Maroc ? Mais le destin en a voulu autrement ; l'œuvre de Rome est à recommencer dans ces territoires ; la France s'y applique, depuis trois générations, avec des efforts persévérants. Vos descriptions et vos impressions seront lues avec un vif plaisir par tous ceux qui s'intéressent à la grande œuvre de civilisation que votre patrie a entreprise dans l'Afrique du Nord. Le chapitre sur les harems de Tunis m'a semblé particulièrement curieux et intéressant. Vous avez pu pénétrer dans un de ces appartements mystérieux, où l'imagination des Occidentaux a placé tant de ravissantes beautés, les plus féériques splendeurs du luxe oriental et tant de drames obscurs... Vous avez pu constater que, cette fois aussi, comme toujours, la réalité est beaucoup plus modeste que la légende.

Votre description n'en acquiert que plus d'intérêt et de valeur documentaire. Les Européens ne compren-

dront jamais l'Islam tant qu'ils ne connaîtront pas la véritable organisation de la famille dans les classes élevées du monde musulman. Malheureusement, tout semble conspirer pour nous maintenir, en ce qui concerne ce côté de la vie orientale, dans la plus complète ignorance : l'orgueil méfiant des Orientaux, comme notre invincible inclination aux légendes romanesques. Aussi, nous ne connaissons presque rien sur les transformations que le harem subit à chaque génération, comme nous ignorons en général toutes les crises intérieures de l'Islam, jusqu'au moment où elles aboutissent à une de ces révolutions et de ces guerres qui nous surprennent et auxquelles il nous faut faire face.

Aujourd'hui même, par exemple, un sourd travail intérieur de dissolution et de réorganisation s'accomplit dans tout l'Islam. Les contacts avec la civilisation européenne sont devenus plus nombreux et plus intimes ; et ils déterminent, dans les populations, deux mouvements opposés. Il y a aujourd'hui dans le monde musulman une tendance évidente à se rapprocher de la civilisation européenne, à adopter sa technique plus puissante, certaines de ses idées et de ses mœurs. Mais il y a aussi une sourde fermentation de fanatisme religieux et traditionaliste, qui n'est que de la haine de notre civilisation, surexcitée par les contacts nouveaux.

Cette situation contradictoire se résoudra un jour par une grande crise. Laquelle des deux tendances aura le dessus ? Voilà une des grandes questions que l'avenir devra résoudre. Pour le moment, cette situation trouble, agite, rend inquiet tout le monde musulman. Vous avez trouvé, dans le harem que vous avez visité, dans cette maison écartée et silencieuse, quelques traces de cette grande crise. Vous ne pouviez rapporter de votre voyage que des impressions vives et sincères. Vous l'avez fait.

C'est à présent à ceux qui étudient l'obscur monde musulman et qui doivent tenir compte de tous ces documents, à classer et à étudier ceux que vous leur avez apportés.

En souhaitant, chère Madame, à votre livre, le succès qu'il mérite, je vous prie d'agréer l'expression de mes sentiments amicaux.

Tout à vous,

Guglielmo FERRERO.

ITALIE
et ADRIATIQUE

> *J'aime les voyages parce qu'ils changent et élargissent le courant des idées; ils apportent un intérêt dans la vie. L'âme est comme les lacs, elle prend la teinte du ciel qui s'y mire, et des objets qui s'y reflètent.*

LE « GRACE DARLING »

LUGANO

2 Mai.

Ce voyage tiendra-t-il tout ce que j'en attends ? Je l'ignore. Je suis une de ces exigeantes qui demandent peut-être trop à la vie parce qu'elle leur a prodigué, dès son début, les joies et les sourires.

C'est le 2 mai au soir que nous quittons Paris pour Bâle et Milan, voie la plus directe pour Venise.

Un arrêt de quelques heures avait été décidé à Lugano, site remarquablement joli et riant. Des fenêtres du salon de l'Hôtel du Parc je peux admirer pendant les heures les plus chaudes les eaux dormantes du lac. Les couleurs variées des montagnes qui l'entourent, éclatantes à midi prennent, à la tombée du soir, des teintes violacées qui rappellent les rochers couverts de bruyères en fleurs des pays du Nord.

Après un bon repos et un lunch succulent comme on sait les servir en Suisse, — ah le miel divin ! — nous renonçons à faire l'ascension du mont Saint-Salvatore. Le funiculaire est vraiment trop banal et nous n'avons nul désir d'affronter la fatigue d'une marche forcée.

Une promenade en voiture le long des rives du lac nous tente. Une visite s'imposait à Santa-Maria Degli Angeli où se trouve une curieuse fresque de Bernard de Luini la « Passion de Notre Sauveur ». On peut encore admirer dans la même église une gracieuse madone et une Cène du même Maître ; on retrouve dans ces deux tableaux quelques-unes des qualités de la fresque merveilleuse peinte par le divin Léonard sur les murs du réfectoire de Sainte-Marie des Grâces à Milan.

Une légende veut que l'amour ait poussé Bernard de Luini à séjourner deux ans en 1529 et 1530 dans cette petite bourgade de Lugano afin de se rapprocher d'une noble demoiselle qui expiait, dans un couvent du voisinage, les sentiments exaltés qu'elle avait voués à l'artiste.

Des parents cruels espéraient par la claustration vaincre l'obstination de leur fille et la contraindre d'accepter une alliance plus en rapport avec son rang.

Mais les légendes sont souvent incomplètes et celle-ci ne dit pas comment se termina la touchante histoire du peintre et de la gente demoiselle.

VENISE

Il est difficile, sinon impossible, de parler après tant d'autres de Venise. Tout ce qu'on a dit et écrit sur cette ville peut se résumer en ces quelques lignes bien connues d'Yriarte :

« L'originalité de Venise c'est son silence, sa situation bizarre dans un estuaire.

Venise a un attrait : le je ne sais quoi qui flotte impalpable dans son air, Venise a le charme.

Le charme est un don, il est comme la grâce, on l'a sans le savoir, il suffit à tout embellir. »

VENISE

4 Mai.

La séduction de la vieille cité vénitienne agit sur tous les voyageurs mais plus particulièrement sur les poètes et les amoureux qui désignent Venise et la désigneront éternellement sous le nom de « Perle des Mers ».

Les tons nacrés et irisés que prennent les eaux, les pierres, les marbres mêmes, quand le soleil les crible de ses flèches d'or, justifient cette poétique appellation.

Aujourd'hui, hélas ! la perle reste enfermée dans son écrin : le ciel est bas, l'air imprégné de brumes.

A peine pouvons-nous distinguer les formes vagues des monuments devant lesquels nous passons en steam-launch, tandis que nous allons à la gare vers le yacht qui nous attend en face de la Dogana di Mare.

Au-dessus de ce bâtiment, sur une immense boule dorée représentant le Monde que deux géants supportent sur leurs robustes épaules, je salue la statue de la Fortune.

Sentinelle alerte et vigilante, femme-girouette ou girouette-femme, elle tient à la main la voile, symbole de la navigation qui fit autrefois la prodigieuse prospérité de la République.

Elle est très belle, la déesse, dans sa nudité de bronze, belle et protectrice en même temps puisqu'en virant au souffle du vent elle annonce aux navigateurs l'approche de la tempête.

Par ce jour sombre, le Grand Canal est morne, les Palais aux volets clos, habités ou déserts, ont l'aspect lugubre des demeures abandonnées. Seule la place Saint-Marc a su garder tout son agrément.

Vers le soir, une promenade projetée à Burano nous réserve une déception.

« Dites, la jeune belle, où voulez-vous aller ?... » Eh bien, nous n'irons pas où l'aimable fille nommée « Fantaisie » espérait nous conduire.

Burano est trop éloigné pour qu'on puisse s'y rendre en gondole.

Un pilote insupportable, après nous avoir procuré une barque, semble avoir fait la gageure de nous égarer dans les lagunes. Puis voyant de nombreux éclairs sillonner les nues, notre batelier veut s'arrêter à Murano, mais nous préférons terminer l'après-midi au Campo-Santo.

Le cimetière vénitien comme tous les champs de repos de cette terre bénie évoque une idée d'apaisement plutôt que de véritable tristesse. Un silence profond plane sur cet îlot solitaire. Aucun bruit du monde même en un écho affaibli, ne parvient jusque-là. C'est l'oubli, l'ingrat oubli des vivants pour leurs morts.

Parmi les plus humbles tombes, un tertre de gazon attire mon attention : une pensée se montre craintivement près d'une lanterne allumée que voile à demi un crêpe. Fleur et flamme sont modestes mais témoignent de l'hommage persistant et attendri d'un cœur qui n'a pas oublié. Je m'agenouille dans l'herbe humide pour lire le nom inscrit sur la croix. « Catherine ! » Je regarde la date : 1890... Quelle fut cette Catherine ?... Dans leur simplicité les mots ont leur éloquence.....

« Les doux noms que Marthe et Marie » a dit le poète... Catherine !... celui-là est fait de modestie et de calme. Il enclôt je ne sais quelle familière et pourtant souveraine bonté... avec un peu de tristesse... Catherine ! La flamme de la lampe tremblote à présent sous la pluie qui tombe en gouttes larges et tièdes, comme d'invisibles pleurs...

Il faut se hâter, le batelier nous appelle car la nuit approche. La fin de la journée se noie dans des averses répétées :

« Loin des bruits de la terre,
« Lentement conduis-moi
« Il me faut le mystère
« La vague, mon cœur et toi. »

LA DOGANA DI MARE

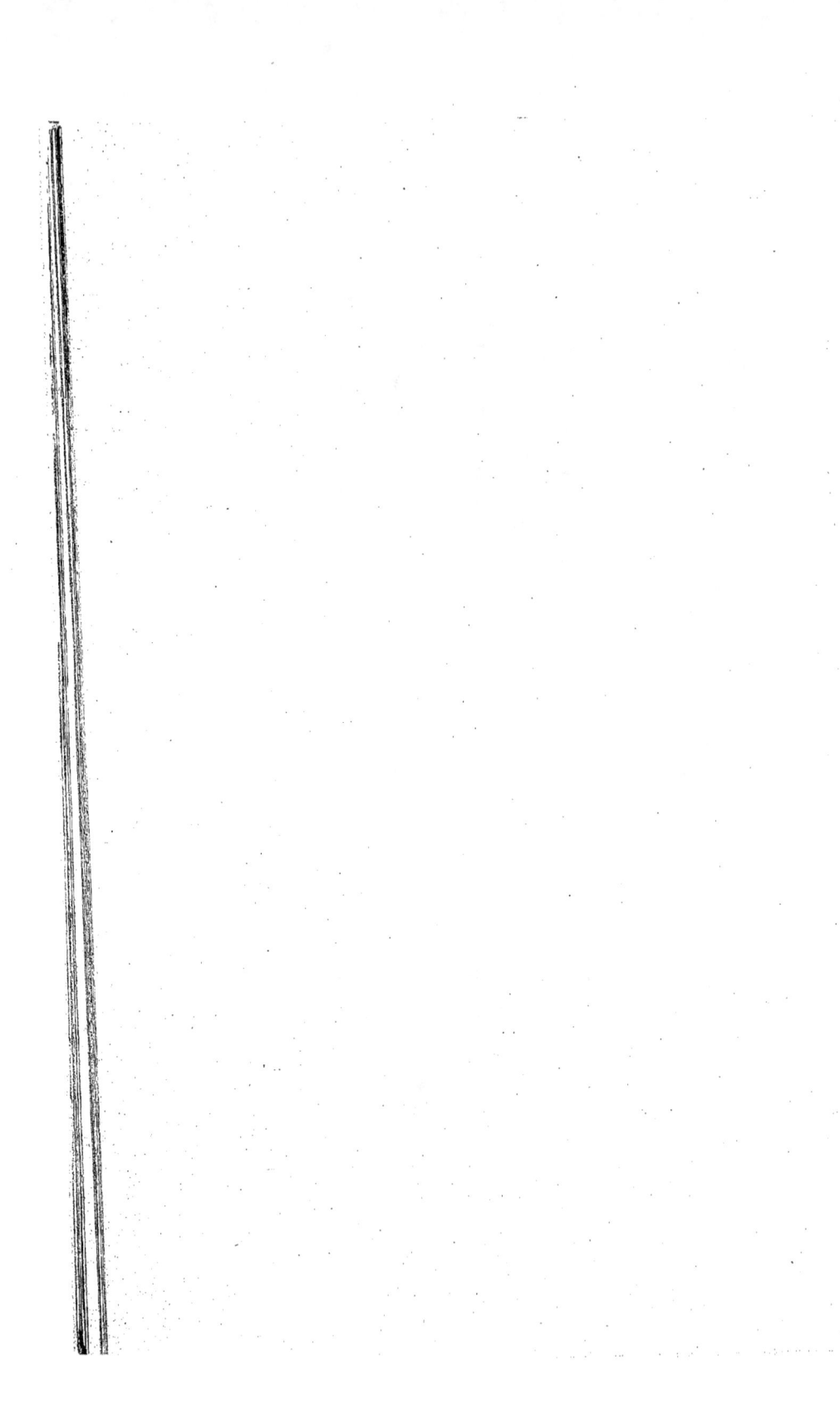

Les naïves paroles de cette romance vieillie me reviennent en mémoire tandis que glisse sur l'eau notre svelte gondole.

J'ai mon enfant à mes côtés. Le charme de sa jeunesse, de sa grâce m'enveloppe dans son rayonnement et je me sens très heureuse en dépit du ciel qui continue d'être maussade.

Une petite pluie fine qui s'est mise à tomber, oblige les gondoliers à replier les tentes de toile claire tendues dès l'aube, et à clore les gondoles.

Dépouillées de leur parure d'été, les gracieuses embarcations ont l'air de conspiratrices, et je rappelle à ma compagne, qu'en les voyant joliment évoluer dans les canaux étroits, Tissot les a comparées « à des cygnes noirs qui nagent sous une bande de soie bleue tendue d'un balcon à un autre. »

Mais ces barques aux allures souples et dédaigneuses de patriciennes, sont trop souvent, telles des esclaves, retenues par des chaînes cadenassées devant des palais ornés d'écussons illustres.

Elles se balancent alors attachées à des poteaux peints, mirlitons géants, mâts sans oriflammes, que le temps a penchés et qui s'inclinent comme lassés d'avoir été les muets témoins d'âges héroïques.

Combien d'aventures sanglantes, de sombres querelles, de drames amoureux dénouant les idylles des balcons se sont écoulés là dans ce décor d'une beauté mystérieuse et calme !

C'est un plaisir d'étudier de près dans leur variété, les façades si finement sculptées des palais qui bordent les petits canaux vénitiens où l'on s'égare en quête d'ombre et de fraîcheur.

Dans le Grand Canal, plein de bruit et de mouvement, il faut se contenter d'admirer à distance les demeures princières. Ici, le goût des différentes époques a mêlé tous les genres d'architecture. Parmi les palais, les uns tels que Manzoni Angarini sont de la période lombarde ; les autres, les deux Ferro Malipiero et Balbi, de la Renaissance, Cavalli et Bembo sont de style ogival tandis que Dandolo remonte au gothique primitif.

Nous entrons à l'Académie attirés par les chers Primitifs.

Voici la série des tableaux de la vie de Sainte-Ursule, par Victor Carpaccio ; le « Miracle du Grand Canal » que le clergé, en habits sacerdotaux, traverse à la nage ; les fêtes pieuses de la place Saint-Marc au temps des croyances profondes, par Gent Bellini.

Plus loin, la Madone de Giovanni Bellini, avec son précieux Jésus dans les bras et cette fameuse toile : le « Martyre de

Saint-Marc », œuvre magistrale, puissante, où le Tintoret révèle sa force et que je préfère à l' « Assomption » du Titien réputée comme une des merveilles du Musée.

La « Présentation au Temple, de la Vierge », également du Titien est malheureusement placée dans une salle obscure. Il faut s'appliquer pour distinguer les figures des personnages groupés aux angles de la toile et qui sont d'une belle conception.

Mais la figure principale, la fillette qui gravit l'escalier pour aller trouver le Grand Prêtre à l'entrée du Temple est une silhouette à peine ébauchée et l'on s'étonne qu'une œuvre de cette importance ait été entreprise pour la seule glorification de la frêle et pâle enfant dont rien, ici, ne fait prévoir encore l'éclatante et merveilleuse destinée.

MON GONDOLIER

En quittant le Musée nous avons la surprise de constater que le vent a balayé les nuages.

L'après-midi s'annonce meilleure que nous ne l'osions espéder; notre gondolier nous promet le beau temps et l'on croit si facilement ce que racontent les gondoliers ! Ce sont des personnages pleins d'importance, hardis et fiers, qui aiment devant l'étranger à faire parade de leur force et de leur adresse. Ils rament debout, rompant le silence de temps à autre d'un cri guttural pour prévenir dans un tournant le danger d'une rencontre.

Mais que l'un d'eux vienne à commettre une légère maladresse, cette impassibilité de commande disparaît pour faire place à la violence inhérente à leur race. Des discussions interminables éclatent alors, à la grande joie des gamins qui ne cherchent qu'à envenimer les disputes tout en se baignant sur les marches de leur maison.

Et tandis qu'aux bruits des voix le quartier s'émeut, plus d'une femme curieuse traversant un des ponts minuscules qui relient entre elles les ruelles de la ville, se penche sur le parapet pour mieux entendre et voir. Je remarque combien souvent le geste est gracieux et le profil fin.

Par un beau soleil, la promenade en gondole ouverte s'impose. Nous en profitons pour nous rendre à San Sébastiano où Paul Véronèse est enterré. Il s'est plu à embellir de son pinceau cette modeste église — sa paroisse.

Deux tableaux du chœur qui représentent le martyre de San Sébastiano et celui de Saint-Marc et de Saint-Marcellin, sont vraiment remarquables.

Après San Sébastiano, la basilique de San Giovanni e Paolo, nous attire. Cette église, qui a donné ces dernières années, de graves inquiétudes sur sa solidité, appartient au gothique italien et s'élève sur la place où se dresse la statue équestre de Colleoni laquelle est due au ciseau d'André del Verrochio. L'église touche l'hôpital de la Scuola de Saint-Marc dont la façade ouvragée date de la Renaissance.

San Giovanni e Paolo servait de sépulture aux Doges et aux grands hommes de la République.

Parmi les tombeaux, je note ceux d'André Vendramin et de Léopardi, tous deux inspirés de l'art antique.

Mais le soleil est près de se coucher, nous irons au Jardin public assister à son merveilleux déclin.

Le jardin, très exigu, est humide et triste, les arbres et les fleurs y sont rares, et l'ensemble est négligé. D'ailleurs pourquoi le soignerait-on puisque les Vénitiens et les étrangers, eux-mêmes, lui préfèrent le fastidieux Lido ?

Ce soir, il y a fête dans les lagunes. Venise est éclairée par des feux de Bengale rouge ou vert pâle, qui lui donnent un aspect féerique. Devant les principaux hôtels, se balancent des gondoles remplies de musiciens.

Les airs sont trop connus, les voix médiocres mais on ne pourrait, à Venise, imaginer une fête sur l'eau sans lanternes, mandolines et guitares.

Cette musique nous attriste plutôt qu'elle ne nous égaie et nous songeons, avec regret, aux jolies sérénades entendues jadis à Naples et à Sorrente.

Là, les habitants chantent plutôt par plaisir que par espoir du gain, ils chantent comme d'autres parlent, avec émotion et tendresse.

5 Mai.

Pour notre adieu à Venise, il fait un soleil splendide. Dès le matin, la ville est illuminée de soleil : la « Perle » est baignée de clarté, et je regrette le départ fixé irrévocablement à midi.

Dans le Grand Canal, les Palais me paraissent aujourd'hui aimables et accueillants, ils ont quitté leurs airs froids et maussades.

Le soleil a réchauffé leurs murs et semble avoir aspiré la mélancolie qui suintait de leurs parois.

Dans la lumière de cette admirable matinée, les anciennes demeures s'érigent avec un orgueil et parfois une grâce qui les transforme et les rajeunit comme un sourire égaie un visage vieilli.

C'est la dernière vision que j'emporte de Venise. Quand reverrons-nous le pont des Soupirs, délicat et joli bijou en dépit de la tristesse de son nom, la cour du Palais des Doges avec ses puits, la place Saint-Marc et la blancheur de ses dalles, qu'assombrissent par instants de grands vols de pigeons ?...

Voici l'incomparable basilique byzantine un peu lourde, fameuse dans le monde entier, unique à coup sûr. Au-dessus du portail, se dresse le superbe attelage antique, les quatre chevaux dorés qui se reposent là, après avoir été traînés comme un butin précieux, à la suite des conquérants célèbres.

Enlevés à l'arc-de-triomphe de Néron, à Rome, ils servirent à décorer une des portes de Constantinople. Ce fut en 1204 que le Doge Dandolo les ravit à l'Orient pour en faire présent à sa patrie.

Ils devaient y rester plus de six siècles; puis, objets de la convoitise de Napoléon, ils prirent le chemin de Paris pour être rendus à Venise après la chute de l'Empire.

L'intérieur de Saint-Marc est saisissant mais sous les voûtes basses et sombres, est accumulée une telle profusion de richesses qu'au premier abord elles fatiguent l'œil plus qu'elles ne l'éblouissent.

Portes de bronze, statues de marbre, colonnes d'albâtre, chapiteaux antiques, mosaïques éteintes ou éclatantes, tout cela est réuni dans une sorte de chaos dont l'œil n'emporte qu'une image confuse.

De la tour de l'église s'envolent les douze coups sonores de midi. Notre bateau est prêt à lever l'ancre, il faut partir, s'arracher au charme de cette divine magicienne qu'est la reine de l'Adriatique.

A bord, le même regret de la quitter nous a tous envahis. On dirait que quelque chose de nous, le meilleur peut-être de notre cœur va demeurer ici...

DALMATIE

DALMATE ET HERZEGOVIEN

ZARA

7 Mai.

Nous voici en route pour Zara, capitale de la Dalmatie...
De Venise, la traversée a été si facile que nous arrivons dès l'aube à Zara. Les chaînes des ancres que l'on jette se déroulent en grinçant sans que nous songions à monter sur le

pont. Une pluie fine fouette la vitre des hublots. Nous attendons pour descendre à terre que le ciel s'éclaire et que les Dalmates aient fermé leurs parapluies de cotonnade bleue à raies rouges.

Tous portent posée sur l'oreille, comme un pain à cacheter, une microscopique toque écarlate dont la petitesse même fait l'élégance. Un élastique maintient dans les cheveux sombres et crépus cette coiffure qui, par sa forme et sa couleur, rappelle un peu la calotte des enfants de chœur. Elle souligne d'une note gaie la sévérité du costume que rehaussent à peine quelques broderies et la blancheur des guêtres.

Le type masculin manque totalement de beauté; les yeux sont durs, les traits accentués. Les femmes, au contraire, ont un joli sourire et quelque chose d'attrayant sous les foulards de couleur dont elles se couvrent la tête.

Beaucoup d'églises à Zara vers lesquelles se hâtent les gens de la campagne. Ils viennent entendre la messe du dimanche et sans façon déposent près d'eux leurs corbeilles remplies de fruits et de légumes. Ils y cachent souvent aussi des couples de pigeons, voire même des petits cochons au poil noir hérissé de marcassins, qui ne cesseront de crier et de s'agiter durant l'office.

Personne ne s'en étonne ; la maison du Seigneur est ouverte à tout venant et nul ne voit, en ce sans-gêne, une offense à la

PORTE DE TERRE

majesté du lieu. Pour faire place à l'étranger, tout ce monde assis sur les talons se serre aimablement sans que le recueillement des dévotes en soit troublé.

Sur tous les monuments de Zara on voit évoquant la grandeur passée de Venise, le Lion ailé de Saint-Marc au rictus grimaçant.

Celui qui orne la Porte pittoresque dite « de Terre » est dû à Sanimicheli ; il se fait remarquer par l'expression presque humaine de son regard.

Les yeux du monstre ailé sont empreints d'une résignation douloureuse comme si le fabuleux animal réfléchissait à la fragilité de la puissance formidable dont il fut si longtemps le victorieux emblème.

SCARDONA

SCARDONA

Après le déjeuner nous partons pour Sébénico ; la mer est unie comme un lac, mais bientôt la pluie qui recommence à tomber vient contrarier nos projets. En vérité, nous avions droit, en mai, d'espérer mieux de l'Adriatique.

La fin de l'après-midi est si mauvaise que nous renonçons à visiter Sébénico que nous contemplons de loin, retranchée au fond de la baie que défend encore le lion vénitien.

Sa silhouette de pierre se profile sur un rocher isolé couvert de batteries autrichiennes.

A l'aide de lorgnettes nous distinguons nettement la population riveraine qui, sur le rivage, s'agite dans sa toilette et son habituelle oisiveté des dimanches. Elle attend, à n'en pas douter, que nous descendions à terre. C'est un espoir auquel elle doit bientôt renoncer. Après avoir simplement envoyé nos papiers nous remontons la Kerka jusqu'à Scardona. A mesure que nous avançons, les îles se rapprochent, les murailles grises dépourvues de végétation se resserrent, et finissent par ne laisser entre elles que d'étroits passages, à travers lesquels le bateau bien gouverné, évolue avec facilité.

Nous arrivons assez tôt à Scardona pour faire une promenade avant le dîner.

Les habitants de la ville, que nous semblons intéresser extrêmement, s'attachent à nos pas et nous suivent jusqu'à la prairie où, sous d'épais arceaux de mûriers, l'herbe pousse drue et haute.

UNE RUE A SCARDONA

Au-dessus de nos têtes, à l'abri du feuillage, des rossignols s'appellent et se répondent d'un arbre à l'autre. Leurs roulades s'élèvent dans le silence, puis s'éteignent pour jaillir à nouveau, la minute d'après, en un chant irrésistible et merveilleux : le chant d'amour des rossignols.

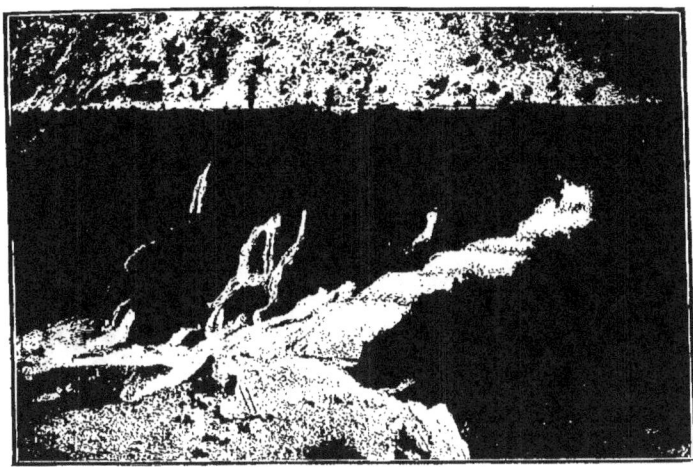

L'ARRIVÉE AUX CASCADES DE LA KERKA

Les Gorges de la KERKA et SEBENICO

Le ciel s'est enfin éclairci. C'est en steam-launch que nous voulons, dès le matin, nous rendre aux Gorges de la Kerka.

Cette heure, où après des jours maussades, le soleil daigne apparaître de nouveau, sera la plus belle du jour et notre enthousiasme est à son comble lorsque nous arrivons aux cascades qui couvrent de leur mousse écumeuse des rochers ombragés par des arbres touffus.

A midi, le soleil monté sur l'horizon, nous aveugle de son éclat et la réverbération de ses rayons sur l'eau devient une véritable fatigue tandis que nous retournons à Sébénico que nous désirons voir à loisir.

La ville a beaucoup de cachet et sa cathédrale a grand air. Pendant la journée les portes en sont fermées, elles s'ouvrent cependant pour nous.

CATHÉDRALE DE SÉBÉNICO

Quel repos, quel silence, sous ces voûtes à demi obscures dont les sculptures se devinent pleines d'intéressants détails !

A Sébénico, les habitants se parent volontiers du costume national. Ils se font remarquer par une courtoisie réelle envers les étrangers. Des enfants interrompent leurs querelles pour s'attacher à nos pas. Et c'est ainsi que l'un d'eux s'établit notre garde du corps, il ne tolère pas qu'on nous approche, à peine qu'on nous regarde, et malheur à qui oserait nous interpeller.

Si l'on a souci de sa tranquillité il est indispensable d'accep-

AUX GORGES DE LA KERKA

CHUTES DE LA KERKA

FEMMES PORTANT DES PIERRES

ter la protection d'un de ces jeunes et maigres meurt-de-faim dont la faiblesse rageuse tient à distance les importuns, et ils sont légion !

Celui-là, comme d'ailleurs tous les enfants d'ici, remplit consciencieusement son rôle de guide. Avant de recevoir la récompense que nous lui avons promise, il tient à nous conduire devant une ancienne porte sur le fronton de laquelle se lit une inscription latine qu'il nous traduit avec orgueil : « En faisant bien tu ne craindras personne. »

Dans la famille de notre guide cette devise se transmet-elle de père en fils ?

En tout cas, c'est sans doute pour l'avoir conçue et mise en pratique que les habitants de Sébénico furent cités jadis comme des modèles de bravoure et de fierté.

HABITANTS DE SÉBÉNICO

Quand nous remontons à bord, la mer est laiteuse et tranquille, il y a du bleu sur les flots et dans l'air attiédi.

Les montagnes sont délicieusement teintées d'indigo; peu d'après-midi sont aussi complètement belles dans cette Adriatique diverse et changeante comme la Méditerranée cette mer capricieuse et violente entre toutes.

Aujourd'hui, le navire glisse comme sur un lac calme et tranquille. L'idée me vient d'apporter mon écritoire dans le « deckhouse », et là, devant l'admirable et éternel spectacle de la nature, je laisserai ma plume courir à son gré.

On ne sait comment les idées naissent en naviguant et l'on s'étonne de pouvoir les exprimer. On croit parfois que chaque lame qui passe emporte une de vos sensations, les pensées étant le plus souvent imprécises, fuyantes comme le sillage du bateau et les panaches de fumée, qui, en spirales, s'échappent de ses cheminées.

Quelle jolie manière de voyager de n'avoir pas d'itinéraire fixe et de pouvoir changer de route suivant le temps et l'heure !

Quels sont donc les fâcheux qui ont écrit qu'en mer les esprits sont souvent capricieux et que les compagnons d'âges différents ne peuvent sympathiser ?

La vie de bord est, au contraire, facile, aimable, quand à côté de l'âge mûr brille le rayonnement de la jeunesse.

La joie imprévue, la gaîté des vingt ans en face des mésaventures inévitables du voyage le mieux combiné aident ceux qui n'en rient plus, à les supporter avec bonne grâce. Mais il faut surtout, pour bien s'entendre, savoir discuter sans disputer, apprécier la nature et comprendre les arts.

TRAÜ

C'est Traü, ancienne petite ville construite sur un îlot entre l'île Bua et la terre ferme, que nous avons choisie pour faire escale.

Si la ville est exiguë, ses remparts sont imposants et sa cathédrale, construite au XIII° siècle par l'architecte dalmate Radovan, est fort belle ainsi que la Loggia de la place des Seigneurs.

Les habitants sont, en tout, semblables à ceux des îles Illyriennes, mais leur sort est plus doux. Ils vivent ici dans une petite Provence. Des tamaris et des pins, à travers lesquels le vent tamisé siffle en chansons, bordent les chemins étroits qui courent le long du rivage.

Ce matin, l'eau prend des reflets d'opale, l'air est doux et tiède, mais il suffit que le ciel soit voilé de nuages pour qu'une atmosphère de mélancolie nous enveloppe. Dans ces pays où le soleil est roi, lui seul donne de la vie aux êtres et aux choses : les plantes aromatiques, les arbres au feuillage pâle, la flore de ces ardentes régions ne s'anime vraiment et ne dégage toute sa splendeur et ses parfums que dans la lumière et sous les brûlures de l'astre étincelant.

PALAIS DE DIOCLÉTIEN

SPALATO

De Traü, nous nous rendons dans la même matinée à Spalato, presque entièrement bâtie dans l'enceinte du somptueux palais que Dioclétien fit élever lorsqu'il eût abandonné le pouvoir pour redevenir un simple citoyen. Tout près de là, à Salone, son pays natal, celui qui avait été un César romain employait ses loisirs à la culture d'un modeste jardin, mais ici, à Spalato, il semblait se souvenir des vanités humaines, et si l'on en juge par ce palais où il se plut à réunir toutes les magnificences, la simplicité de sa nouvelle condition ne l'avait pas encore emporté sur les goûts de son ancienne existence.

Les ruines du péristyle et du Mausolée, bien conservées ont mérité d'être appelées « un morceau d'Histoire Pétrifiée. » Elles témoignent encore de la grandeur des conceptions impériales. Il fallut neuf ans pour achever entièrement cette fastueuse demeure où l'Empereur vécut le même nombre d'années.

Quatre portes donnaient accès à l'enceinte fortifiée qui l'entoure. De ces portes dites de Fer, d'Argent, d'Airain et d'Or, partaient les voies spacieuses qui s'entre-croisaient au centre de l'édifice. Un bambin rose et frisé, avec le sérieux d'un homme, nous conduit au travers des rues étroites que l'on a percées depuis dans les ruines du Palais.

Il y a quelque chose de touchant dans cette fidélité qui ramène les hommes à vivre où vécurent les générations précédentes, que ce soit entre les murs croulants d'un ancien palais ou sur les flancs d'un cratère endormi, appelé, tôt ou tard, à semer autour de lui la dévastation et la mort.

SALONE

RUINES DE LA MAISON DE CAMPAGNE DE DIOCLÉTIEN

SALONE et CLISSA

De Spalato, pour aller à la forteresse de Clissa on passe auprès de Salone. Les ruines de la maison de campagne de Dioclétien n'attirent pas les regards : il en reste trop peu de vestiges.

Salone fut la première retraite de l'Empereur. Il était si épris des charmes de sa terre natale, que toutes les instances de Maximin qui le sollicitait de reprendre le pouvoir restèrent vaines. On sait avec quelle souriante philosophie il opposa à son ancien collègue à l'empire, un souci désormais unique : celui de voir pousser les laitues qu'il avait plantées de ses mains.

Lorsqu'on a dépassé Salone, une route bien tracée conduit à la citadelle de Clissa, vrai nid d'aigle qui domine fièrement la vallée. Le rocher où il est placé est entouré de pics qui sembleraient inaccessibles si des coins de verdure ne disaient la patiente conquête de l'homme sur cette nature sauvage.

Nos chevaux, petits mais nerveux, grimpent toutes les côtes au galop. Sur la route nous croisons des muletiers turcs coiffés du turban, chaussés de babouches pointues, les reins ceints de ces larges ceintures de soie dans lesquelles ils serrent pipes, mouchoirs, pistolets, argent, tout leur avoir, en un mot. Ils passent nonchalants sur les chariots qui les amènent d'Herzégovine. C'est ainsi qu'ils y retourneront lorsqu'ils auront, au marché de Spalato, échangé contre des objets de première nécessité quelques agneaux qui, enfermés dans des caisses de bois, bêlent à leurs pieds.

LOGGIA DES SEIGNEURS

LESINA

A neuf heures le matin, départ de Spalato puis courte halte à Lesina. C'est la fête patronale, mais ici le costume national ne réjouit plus nos regards ; il est presque abandonné. Après un rapide coup d'œil à la Loggia des Seigneurs, trop vantée par le Baedeker nous continuons notre route. L'état de la mer nous empêche de visiter la grotte de stalactites de Raonick. Comme compensation, nous avons le spectacle des montagnes d'un gris rosé comme les plumes d'une gorge de tourterelle. Leurs formes et leurs couleurs rappellent les monts de Grèce à ceux de mes compagnons de voyage qui les ont déjà vus.

CURZOLA

CURZOLA

De Lesina nous allons mouiller à Mezzo Melena sans nous arrêter à Curzola, qui paraît rébarbative, emmurée dans ses remparts flanqués de grosses tours. Les villes de l'Adriatique, qu'elles soient bâties sur la terre ferme ou dans les îles, ont l'air de captives entre leurs hautes murailles. Chacune a ses attraits. J'aurais souhaité les visiter avec minutie sans craindre la monotonie de tant de remparts, de cathédrales, de places qu'elles s'appellent orgueilleusement place des Seigneurs ou plus modestement place du Marché aux Herbes.

RAGUSE

> « Par le charme de son paysage, par l'exquise élégance de ses monuments, par les souvenirs de sa glorieuse histoire, Raguse est la perle de la Dalmatie. »
>
> (EN MÉDITERRANÉE, Charles Diehl.)

LE PORT

RAGUSE

Au temps de sa splendeur, Raguse réunissait dans ses murs tant d'esprits fins et brillants, d'écrivains et d'artistes, que chaque famille, s'énorgueillissait d'en compter un parmi ses membres. Ne l'avait-on pas d'ailleurs, par un hommage mérité, surnommée l'Athènes Slavone ?

Nous y abordons le jour de l'Ascension. Toute la population est dehors, la campagne est venue à la ville. Voici habillés à la façon des Turcs de bazar, avec leurs vestes soutachées d'or et leurs turbans, les légendaires portefaix. Les Monténégrins, coiffés de la toque ponceau marquée d'un chiffre, coudoient, dans leurs habits rustiques, les montagnards portant la tunique blanche de l'Herzégovine.

Parmi les femmes qui, pour la plupart, se tiennent aux alentours de la Place aux Herbes, des villageoises passent, la

CANALÈSES

tête couverte d'un plissé blanc rappelant la serviette des Napolitaines. D'autres sont coiffées comme les hommes de la petite toque monténégrine qu'elles cherchent vainement à embellir en y

HERZÉGOVIENNES ET RAGUSAINES

piquant une fleur ou en y cousant une dentelle. Le plus grand nombre se contente d'un foulard aux couleurs éclatantes. Elles tressent leurs cheveux avec des rubans qu'elles choisissent d'une nuance pareille à la ganse dont elles se servent pour lacer leurs corselets. Le caraco clair, avec le jupon ourlé de soie verte et coquettement plissé sur les hanches est aussi en honneur. Elles se montrent toutes vaniteuses d'un bijou naïf, un cœur d'or poli et brillant comme un miroir retenu au centre d'un collier en boules de filigrane.

BRENNÈSES

Herzégoviennes, Brennèses, Canalèses, Ragusaines portent sur la tête, en un geste élégant et classique, leurs fardeaux placés dans des corbeilles de jonc tressé. C'est un jeu pour elles de parcourir ainsi plusieurs kilomètres. A peine la rougeur qui monte à leurs joues et leur souffle qui devient plus précipité, trahissent-ils une fatigue légère quand la course a été plus longue que de coutume. Ah ! les braves filles que les filles de Raguse ! C'est une joie de les voir, grandes et belles, d'admirer leur allure dégagée et leurs jolis mouvements de hanches. Quels corps souples et quels seins fermes se devinent sous l'indienne de leurs camisoles ! Avec cela un air de fierté modeste teintée d'une pointe d'embarras, quand elles sentent une admiration dans le regard des hommes, et un demi-sourire empreint d'affabilité pour les femmes qu'elles croisent en chemin et qu'elles devinent sympathiques. Comment ne pas l'être quand passent la grâce et la jeunesse ?

Une promenade en voiture dans la direction de Breno, vallée abritée par les montagnes qui forment les frontières d'Herzé-

FEMMES DES ENVIRONS DE RAGUSE

govine, est une grande réjouissance pour les yeux et le cœur : une fête dans ces jours de fête ! La route en corniche surplombe des rochers couverts d'aloès et de plantes aux senteurs âcres dont sont parées ces côtes abritées. Nous croisons deux villageoises qui s'en retournent chez elles à califourchon sur leurs mules, suivant la coutume. La plus vieille de ces femmes nous crache des injures à la face dans une langue barbare que nous n'entendons pas et force ensuite sa compagne à lui céder sa monture qui, moins ombrageuse que la sienne, n'a pas bronché au bruit des grelots de notre attelage. Comme nous continuons notre chemin sans mot dire, la vieille se retourne pour nous montrer une dernière fois son profil de sorcière en furie, et nous jeter une suprême malédiction. « La pauvre a trop vu d'ans, son esprit est absent » explique notre cocher, humilié pour ses compatriotes d'une telle animosité.

CARAVANSÉRAIL TURC

En rentrant dans Raguse, notre attention est attirée par un groupe de paysans qui stationnent sous un platane à la porte d'un petit café indigène, en une attitude de curieux. Nous approchons. Au milieu du cercle est assis un joueur de guzla auquel ces gens parlent avec une sorte de crainte superstitieuse. Les joueurs de guzla sont aimés de leurs compatriotes sur lesquels ils exercent une influence réelle. Celui-là donne l'impression d'une sorte de sauvage misérable avec sa tignasse noire retombant jusqu'aux yeux en un fouillis épais. Il râcle sur son primitif instrument un air d'une âpreté singulière. De temps à autre quelques sons gutturaux s'échappent de ses lèvres. C'est pourtant avec cette musique, dont l'étrangeté même n'arrive pas à nous séduire, que les joueurs de guzlas transformaient en révoltés et conduisaient à la bataille les pères de ces hommes, qui l'écoutent encore aujourd'hui les yeux dilatés, les narines frémissantes, et comme prêts, eux aussi, à courir aux combats.

L'après-midi est consacré au Val d'Ombra dont la rivière de ce nom coule entourée de mystère ; malgré les plus consciencieuses recherches on n'a jamais trouvé sa source dans ce massif important de montagnes qui lui sert de cadre.

Pour traverser l'eau, des passeuses intrépides s'offrent à transborder les voyageurs et, se disputant l'honneur de tenir les rames, rejettent en arrière leur immense chapeau de paille avec le plus absolu dédain des morsures du soleil.

Encore une fois je m'écrie : Ah! les braves filles, que les filles de Raguse, citadines, villageoises et batelières.

Un peu avant la nuit, nous rentrons à Raguse et regagnons notre bord. Le bateau est environné de barques qui tournent autour de lui comme des papillons autour d'une lampe. Ces barques portent ici les jolis noms de « Felouks », « Caravelles » et de « Polacres ». Pendant que les rameurs au repos laissent aller leurs barques au fil de l'eau, les jolies filles qui les accompagnent font des bouquets de chèvrefeuille et de romarins qu'elles ne vendent pas, mais qu'elles offrent, en chantant d'une voix rude, les airs de leur pays.

Du bord, nos marins reprennent en chœur les refrains que le vent leur apporte.

Ces branches parfumées viennent, sans doute, de l'île de Lacroma, ce qui nous donne l'idée d'y aller immédiatement, en dépit de la fatigue d'une journée si bien remplie. Qui sait si, le lendemain, nous pourrions réaliser notre projet ?

Lacroma est une île verdoyante. Un monastère s'y cache. Est-il habité ? Tout porte à le croire : les fenêtres du bâtiment sont grandes ouvertes et, dans un enclos privé, des roses de Bengale rouges fleurissent à foison ; les allées bordées de buis sont ratissées avec soin.

Les bords de cette île enchantée, qu'aimèrent deux archiducs destinés tous deux à une fin tragique et prématurée, sont couverts de pins.

La Bora, ce terrible vent qui parfois souffle de l'est sur Raguse, a courbé, dépouillé, bosselé plusieurs de ces arbres qui se penchent, lamentables, sur des églantiers, des myrtils et des

JOUEUR DE GUZLA

PASSEUSES DU VAL D'OMBRA

tapis de pervenches, plantes fragiles et charmantes dont les fleurs tels de grands yeux étonnés de nonnes s'ouvrent au bruit des pas.

De hautes bruyères fleurissent non loin d'une sorte de baignoire naturelle qui s'emplit d'eau de mer par une fissure invisible; l'eau est limpide et claire, le fond en est tout de sable fin.

La sauvagerie du site est d'un agrément extrême; il nous fait penser au bain de Diane. On aurait dû donner à ce bassin de pierre, le nom de la gracieuse et farouche divinité.

De RAGUSE
aux BOUCHES de CATTARO

12 Mai.

Nous espérions retourner à Lacroma, aller en voiture à Ragusa Vecchia et grimper les ruelles en escaliers de Raguse, tout cela avant midi.

UNE RUE DE RAGUSE

La pluie réduit nos projets à néant. Nous n'avons que la ressource d'errer sur la « Piazza dei Signori » et de regarder les principaux monuments qui lui font d'ailleurs un magnifique décor : la tour de l'horloge dont les sonneurs de bronze verdis par le temps annoncent les heures en frappant la cloche de leurs marteaux, le Palais du Recteur qui a conservé ses grands airs du temps passé, avec ses portiques sculptés et ses arcades soutenues par de magnifiques piliers, la douane gardant sur ses

PORTE DE RAGUSE

STATUE DE SAINT-BIAGO

murs les devises qui témoignent de l'honnêteté commerciale de la vieille Raguse. « Quand je pèse les marchandises, Dieu lui-même tient la balance » et aussi : « Rendez à César ce qui appartient à César ».

Les nombreuses forteresses qui défendent l'entrée de Raguse sont aussi bien entretenues que les murailles de la ville elles-mêmes. L'effigie du lion de saint Marc, avec sa griffe autoritaire posée sur le Saint-Livre ouvert (symbole du despotisme que l'astucieuse Venise imposait aux autres villes du littoral), est remplacée sur les remparts par l'image vénérée de Saint-Biago auquel, d'après une croyance populaire, Raguse doit d'avoir jadis conservé son indépendance contre la puissante république des Doges elle-même. Ce fut, en effet, en invoquant le nom du saint, qu'un prêtre valeureux ranima les courages dans la ville assiégée par Venise qui dut renoncer à ses projets d'asservissement. En reconnaissance de cette protection, Raguse adopta le bienheureux pour patron, grava son image sur les murailles et la plaça dans ses armes.

Quelques siècles plus tard, la République dut céder devant la puissance de Napoléon. Marmont, duc de Raguse, se concilia tous les cœurs par sa bonté. Son gouvernement ouvrit pour la vieille cité une ère de prospérité. On ne parle ici qu'avec reconnaissance de la domination française. Le souvenir en est resté dans la langue même, témoin ce pittoresque dicton que les Ragusains aiment à citer : « Marmont est monté à cheval, il a dit : qu'on fasse les routes; quand il est descendu de cheval, elles étaient faites. » Ces routes devaient être, quelques années plus tard, foulées par les soldats autrichiens.

LA FORTERESSE

RISANO

CRISCOVIENS

DALMATES-HERZÉGOVIENS

RISANO et PERASTO

C'est par une pluie battante que nous entrons dans les bouches de Cattaro prises comme en un cercle magique entre des montagnes coiffées de nuages dont nous soupçonnons seulement les gigantesques proportions.

Le mauvais temps dure peu ; une éclaircie nous permet bientôt, en descendant à Risano, de jeter un coup d'œil sur le pays.

Des montagnards habillés de la chemise de laine rude et grossière, descendus en caravane de leur village s'avancent vers nous. Ils portent sur l'épaule une couverture noire dont ils laissent insouciamment la large frange balayer le sol, tandis qu'ils poussent devant eux de maigres chevaux sans selle ni bride, chargés de menus fagots ou de deux minuscules barils.

Pour vendre ces maigres denrées, ces gens ont marché de longues heures, franchi des passages difficiles, affronté mille fatigues. Nous sommes plus attendris par leur misère qu'étonnés par leur air sauvage mêlé d'une sorte de résignation.

Ces hommes sont des Criscoviens. Leur bravoure est célèbre ; elle s'exerça victorieusement contre les Turcs. L'Autriche les combattit sans les vaincre. Ce furent eux, le jour où l'inutilité d'une lutte inégale leur fut démontrée, qui consentirent librement à reconnaître la suzeraineté de leur vainqueur. Mais ils portent au fond des yeux le morne regret de leur indépendance perdue, et on lit dans leurs regards la tristesse d'avoir accepté un maître.

On sent qu'ils ont en eux le regret des luttes passées, des embuscades, des éternels qui-vive, des marches forcées qui étaient comme la raison d'être de leur existence. Les fils de ces montagnards élevés dans les mêmes traditions regardent, eux aussi, la civilisation comme un asservissement et se montrent envers elle aussi irréductibles que leurs pères.

Ainsi que la plupart des peuples primitifs, les Criscoviens considèrent l'étranger comme un être sacré, et c'est leur faire un grand honneur que de visiter leurs montagnes. Par contre, l'attitude indifférente de la population de Risano contraste étrangement avec l'affabilité montagnarde.

Réduits à nos propres ressources, nous avons quelque peine à découvrir le sacristain détenant les clefs de la Chapelle qui renferme les icones.

Nous errons à l'aventure par des chemins creux, entre des haies de grenadiers qui commencent à fleurir.

Le steam-launch est chauffé pour nous conduire dans les îlots auprès desquels nous avons passé hier sans stopper, et qui émergent du milieu des eaux comme des fleurs.

ILE SAINT-GEORGES

BOUCHES DE CATTARO

Dans l'un, un couvent grec est bâti; dans l'autre, l'île Saint-Georges, on a élevé une église où l'on voit la Madone au Scapulaire attribuée à Saint-Luc. Mais du 1er mai au 29 juin, la précieuse Image déserte et s'en va en villégiature à Pérasto. C'est là que nous la retrouvons.

Dans la basilique, la Madone en attendant les pèlerins se dissimule sous un rideau de serge verte. Une pieuse croyance lui attribue l'éclatante victoire que les Boccais remportèrent sur les Turcs en 1654. Un tableau d'argent d'une conception originale en perpétue le souvenir.

Le clocher de la cathédrale de Perasto est un campanile percé de nombreuses fenêtres, coiffé en éteignoir comme tous ceux des Bouches, mais qui mérite une mention spéciale à cause de son élégance. Au reste, cette petite ville construite les pieds dans l'eau est plaisante à l'œil.

A chaque coin de rue on est arrêté par un gracieux balcon, une fenêtre joliment sculptée. L'influence vénitienne se retrouve partout dans l'architecture.

Certaines maisons affectent des airs de palais et laissent, par une porte entr'ouverte, le passant regarder la cour toute fleurie de rosiers et ombragée de mûriers et de citronniers.

Comme il a plu dans la matinée il tombe sur les pavés des pétales embaumés tout humides de pleurs.

PERASTO

CATTARO

13 Mai.

En quittant Perasto nous traversons la baie pour longer la côte opposée, plus fertile et mieux boisée.

D'ailleurs nous apprécierons mieux de loin les hauts sommets qui surplombent la rive Nord. « Quand Dieu créa le monde, disent les Monténégrins, le sac où il tenait enfermés les monts s'ouvrit soudain et il en tomba les rochers qui formèrent la Montagne noire. »

C'est donc à une distraction du Père Eternel que serait dû

le massif sombre et rocheux au pied duquel, au fond des Bouches, dans un décor de beauté sévère et sobre, est bâtie la petite ville de Cattaro.

Jadis, c'est en franchissant au prix des plus grands efforts ce que l'on appelle les Echelles que de Cattaro on parvenait à gagner Cettigné.

ROUTE DE CETTIGNÉ

Aujourd'hui une route large, bien entretenue, véritable merveille stratégique, relie les deux villes. Elle fait honneur aux ingénieurs qui l'ont conçue. La circulation y est considérable; nous y croisons bon nombre de voyageurs, de voituriers, et un important convoi de blés qu'escortent des douaniers l'arme au bras. Nous atteignons ainsi la frontière Monténégrine puis nous redescendons vers Cattaro. Le soleil va bientôt disparaître à l'horizon : les montagnards appellent leurs moutons pour la rentrée du soir. Ils les rassemblent puis, derrière eux, lestes, le pied sûr, sautant de rochers en rochers ou délaissant les sentiers battus pour couper au plus court à travers le lit desséché des torrents, ils se hâtent vers leurs villages où les femmes les attendent. Elles ne sont bergères que par exception. On les charge plutôt d'effectuer à la ville les achats obligatoires. Elles en reviennent, portant sur leur dos les plus lourds fardeaux. Il en résulte qu'elles sont, avant l'âge, courbées et flétries. Même dans leur jeunesse, malgré la finesse de leurs traits, je trouve que les Monténégrines manquent de séduction. Leurs yeux perçants, trop petits, sont enfoncés dans l'orbite et leur teint rappelle la couleur du sol sur lequel elles peinent tout le jour.

La seule coquetterie de ces sauvages créatures consiste à tresser leurs cheveux qui sont longs et soyeux et qu'elles disposent sur leur front en une sorte de diadème. Mais la toque nationale ou un fichu noir dont elles se couvrent la tête, contribuent, autant que leur longue redingote sans manches et d'une coupe fantastique, à leur donner un aspect peu attrayant.

La cathédrale de Cattaro étant en réparation, les messes du dimanche sont célébrées dans une chapelle. Durant l'office on entre et sort continuellement. Deux enfants, gracieux à la façon des chérubins que les maîtres italiens aimaient à placer dans leurs tableaux, jouent devant le maître-autel.

Le plus petit danse, le plus grand montre avec ostentation à une pauvresse un croûton de pain blanc qu'il tient dans sa main potelée. Cette femme n'a sans doute jamais mangé le pain des riches. Peut-être a-t-elle faim, mais pour admirer l'enfant habillé en capucin et portant le cordon de Saint-François, elle cesse d'égrener son chapelet et sourit au bambin.

Le départ pour Corfou est décidé ; nous avons en perspective vingt heures de traversée.

CORFOU

CORFOU

15 Mai.

La nuit est venue après un après-midi dont la tiédeur nous a surpris comme un charme imprévu. Il règne autour de nous une paix souveraine, la grande paix nocturne dont on ne sent bien toute la profondeur un peu angoissante qu'ainsi, au loin, sur l'eau...

Il n'y a même pas, pour la troubler, le bruit que font les flots en se brisant sur le rivage. Du silence plane autour de nous ; il semble que nous le respirons et que nous le touchons... Puis, la vie suspendue palpite bientôt au ciel. Sur le velours bleu de la voûte céleste le croissant léger de la lune naissante est piqué comme un bijou d'argent et, une à une, les étoiles trouent le firmament de leurs épingles d'or.

Et voici que, maintenant, la nuit est en fête. De la lumière court sur les vagues ; des fleurs phosphorescentes éclosent autour du yacht, et il traîne après lui une écume étoilée.

Aux premières lueurs du jour Corfou surgit des flots devant nous, idéalisée par les souvenirs mythologiques dont la gracieuse Nausikaa, « aux bras blancs », est bien la figure la plus séduisante.

Est-ce à l'ombre d'un de ces oliviers que la fille d'Antinoüs écouta, pour la première fois, les paroles mielleuses de l'époux de Pénélope ? Je serais tentée de le croire tant ces arbres paraissent séculaires et vénérables.

Dans les champs les mieux cultivés de Corfou, situés du côté de Canone, les oliviers s'élancent de hautes futaies avec des airs glorieux. Ils contribuent largement à la beauté de l'île et nul ne peut se vanter de bien connaître le précieux don de Minerve, s'il n'est venu jusqu'ici...

Au travers de leur léger feuillage sans cesse agité par le vent apparaissent des pans de bleu : ciel et mer.

LES OLIVIERS A CORFOU

L'aspect de Corfou est riant, mais les jardins qu'enclosent des haies de rosiers sont, pour la plupart, livrés à l'abandon. On néglige l'entretien des routes qui menacent de n'être plus carossables. Les voitures que l'on trouve à louer sont attelées de chevaux d'une maigreur telle que les cœurs les moins pitoyables en sont attendris.

Nous sommes tombés en pleine récolte de pommes de terre ; aussi les champs présentent-ils une animation inaccoutumée.

Le matin, à l'aube, nous croisons dans la campagne des paysans qui se rendent à cheval au travail. Ils sont assis sur des bâts, comme des femmes. Voici de belles filles aux yeux couleur d'olive mûre et coiffées de turbans sous lesquels leur chevelure tressée de bandes d'étoffe paraît énorme.

Elles vont pieds nus, portant sur leur tête des corbeilles comme les filles de Raguse, et, comme elles, nous paraissent accortes et rieuses.

Du bateau où nous sommes revenus pour le déjeuner nous apercevons les monts d'Albanie et leurs sommets neigeux, d'une beauté singulière, pénétrante et inoubliable.

UNE CORFIOTE

L'air de Corfou, son atmosphère ambiante, le panorama merveilleux qui se déroule autour de l'île, expliquent la renommée dont elle jouit à juste titre.

Mais ce qui dépasse en magnificence, en grâce, en charme, en beauté tout ce qu'on peut imaginer, c'est la villa Achilléion, rêve réalisé par la pauvre âme inquiète que fut l'impératrice Elisabeth d'Autriche.

Son souvenir est resté ici, dans la magnificence de ces jardins qu'elle avait fait tracer et à travers lesquels elle promenait sa tristesse et son étrange mélancolie.

De tous ces Grecs qu'elle aimait et admirait et dont les bustes décorent la colonnade donnant accès au parterre, Achille était son héros préféré.

A la place d'honneur, sur la terrasse, la statue du bouillant guerrier est érigée. Un grand tableau mural dans l'escalier de

VILLA ACHILLÉION

la demeure impériale nous le représente encore conduisant son char.

De l'une des fenêtres de la villa, dont la vue s'étend sur les jardins, c'est un charme de regarder l'abîme sans fond qui brille comme un miroir d'étain sous le soleil.

Quelle paix ! Quelle quiétude ! Quelle grandeur ! Il monte de ces fouillis de verdure des parfums pénétrants. Dans ces bosquets étagés à nos pieds, chante une quantité innombrable d'oiseaux. Au moindre bruit, ils s'envolent grisés d'air et de lumière et l'on est tenté de croire que l'on plane comme eux tant on se sent haut et loin.

On a la certitude à l'heure où j'écris ces lignes que la villa Achilléion tout en changeant de maître restera Villa Impériale puisqu'elle vient d'être achetée par l'Empereur Guillaume II.

CORFOU

COUVENT DE PALÉOCASTRIZZA

PALÉOCASTRIZZA

Paléocastrizza est un couvent de popes bâti sur la côte ouest de Corfou, sur une montagne dominant la pleine mer.

Les prêtres qui l'habitent, hommes simples aux longs cheveux bouclés, se sentent-ils là plus près de Dieu et leur esprit y gagne-t-il en élévation, leur âme en sainteté ? Ils ne nous ont rien dit de leur pensée, ils sont descendus de leur falaise pour nous recevoir ; ils étaient doux, accueillants, avec, au fond des yeux, un peu de mélancolie, comme tous les êtres qui vivent dans un site grandiose et sévère isolés du reste du monde.

LES POPES VENUS A NOTRE RENCONTRE A PALÉOCASTRIZZA

Quelques-uns de nous voulant saluer le padre et regarder de près les anciennes icones, acceptent l'invitation de monter jusqu'au monastère. Ils en reviennent tard, toujours accompagnés

LES POPES DANS LE COUVENT DE PALÉOCASTRIZZA

des popes, et rapportant des langoustes achetées aux pêcheurs de la côte par l'entremise des prêtres grecs.

Ceux-ci nous ont-ils porté malheur en posant leurs pieds chaussés de gros souliers ferrés sur le pont du yacht qu'ils ont visité avec curiosité ?

L'équipage en est persuadé car, à peine au large, la mer, quoique bleue et d'un bel aspect, devient houleuse. De grosses lames nous prenant en travers nous obligent à changer d'itinéraire et à nous diriger vers la Sicile.

LES POPES VENANT VISITER LE « GRACE DARLING »

SICILE

Pour moi, j'aime cette Méditerranée mieux que tout autre mer, peut-être à cause de sa couleur et de ses violences.

En réalité je crois plutôt que je l'aime comme on aime d'amour sans savoir pourquoi.

MESSINE

Après trente heures d'une traversée assez pénible nous franchissons le détroit de Messine, mais comme nous arrivons au port, trop tard pour avoir la libre pratique, nous sommes condamnés pour la nuit à hisser le hideux pavillon jaune.

Le bateau qui fait le service de Reggio à Messine, gaiement éclairé à l'électricité stationne près de nous, et nous parlons de cette ville des Calabres d'où il vient. La superstition de la «Jettatura» y est tellement répandue qu'un cactus d'une espèce particulière, nommé « *albero del mal occhio* » arbre du mauvais œil, est placé sur les balcons de chaque demeure et défend ses habitants contre les sorts fâcheux.

C'est la troisième fois que je franchis ce détroit de Messine dont la triste renommée effrayait tant les anciens. Les sautes brusques du vent, les tourbillons violents et soudains qui bouleversaient la surface de la mer, causaient dans ces parages, des naufrages fréquents.

Nos navires à vapeur font meilleure contenance devant la colère des flots que les bateaux à voiles de jadis, et l'on passe aisément aujourd'hui entre Charybde et Scylla, quoique le remous des vagues soit plus sensible en cette partie du détroit.

Il semble que, de nos jours, Messine « la noble » usurpe quelque peu son nom. Elle est commerçante, et plus bruyante que pittoresque. Mais que de gaîté dans les faubourgs ! Dans les plus petits recoins d'ombre des grappes d'enfants s'accrochent à tous les pans de mur.

Des carrioles, dont les conducteurs font claquer leurs fouets avec fracas, attirent l'attention.

Elles sont si jolies, ces charrettes siciliennes peinturlurées sur toutes les faces, attelées de mules ou de chevaux aux harnais multicolores, pailletés, scintillants, surmontés d'un ou de deux panaches de plumes de coq, aux tons éclatants !

Les Siciliens sont très fiers de leurs équipages, le seul luxe qu'ils connaissent, et qui nous paraît exagéré pour des gens d'aussi petite qualité.

Les harnais coûtent fort cher, et leur éclat dû à des colifichets doit être plus brillant que durable.

De grands bœufs roux, descendant, dit-on, des bœufs du soleil dont les anciens plaçaient les étables dans les nombreuses grottes percées dans cette partie de la péninsule, traînent, le long des jardins de la Flora, des chariots débordant d'oranges. Ainsi, il y a mille et mille ans, chargés de pareils fruits d'or, d'autres attelages traversèrent ces lieux du même pas majestueux et lent. C'est à peine si le décor s'est modernisé. Les sentiers profonds des forêts ont fait place à d'élégantes allées mais, par de là la ville, c'est la même « mer retentissante », son éternel bruissement, sa même ligne bleue sous le même ciel immortel.

Au moment de monter dans la guigne qui doit nous ramener à bord, nous sommes arrêtés par deux jeunes Siciliennes fraîches et jolies. Conscientes du charme qu'elles exercent elles se concertent en souriant et la plus jeune, qui est aussi la plus coquette, rajustant autour de son cou un foulard de soie s'approche de moi et me dit : « La Signora è simpatica ».

Par taquinerie, je fais semblant de continuer ma route.

L'enfant prend alors un air déçu qui lui sied à ravir, et implore le paiement de sa politesse.

Comment refuser à qui demande avec un si joli sourire ?

Une pièce blanche est mise dans la petite main tendue. Confuse et joyeuse, la jolie fille rougit, ébauche une révérence et murmure : « Un souvenir! »

Quelle grâce dans cette façon ingénue de demander et de recevoir !

MESSINE

CHARRETTE SICILIENNE

CHAR A BŒUFS REMPLI D'ORANGES

LIPARI et VULCANO

Nous faisons escale à Lipari où l'Italie a établi un bagne pour ses condamnés.

Les anciens, plus poétiquement, y logeaient Eole, d'où le nom d'Eoliennes donné à l'ensemble d'îles volcaniques dont Lipari est la plus importante. Actuellement, ce repaire de bandits n'a guère d'autres habitants que les forçats.

Quelques-uns ne peuvent sortir de l'enceinte de la prison, d'autres habitent la ville et les libérés peuplent l'île.

Parmi ces criminels, il y en a qui ont des têtes tellement exécrables, des expressions de physionomie si terribles que l'on se sent mal à l'aise en rencontrant leur regard.

Sur notre passage, l'un d'eux marmonne je ne sais quels mots effrayants entre ses dents serrées. Il paraît que cet être dangereux a su si bien jouer du couteau qu'il compte plusieurs victimes à son actif.

Vite lassée du répugnant spectacle de cette geôle, je retourne seule à bord pendant que mes amis font emplette de vin de Malvoisie.

Demain nous irons à Vulcano en passant devant le Stromboli, attirés par le désir de visiter le petit volcan privé que Maupassant nous avait jadis tant vanté.

Un Anglais l'a acheté pour exploiter les trésors de borax contenus dans les flancs du cratère.

Il vit là avec sa famille et voit de temps à autre sa jolie maison ensevelie et les vignes qu'il a plantées détruites par un réveil subit du volcan.

Avec une philosophie toute britannique il a reconstruit, replanté jusqu'à ce jour. Néanmoins il commence à se rendre compte « qu'il y a peu de chose à faire avec les volcans! »

Sa femme nous avoue qu'une annonce est toute prête et sera envoyée à un journal français dès le prochain réveil du cratère que de sinistres grondements semblent encore faire prévoir.

Cette annonce est ainsi conçue : Vulcano, petit volcan à vendre, s'adresser au bureau du journal *** à Paris.

Je doute qu'à la lecture de ces lignes beaucoup d'acquéreurs se présentent.

TAORMINE

De Messine, nous nous rendons à Taormine par chemin de fer.

Douce et belle, la Sicile, au printemps, n'est qu'un buisson fleuri.

J'aime ces paysages italiens aux tons fondus. Dans les haies de cactus les fruits commencent à naître, frêles boutons d'un rose pâle, qui, avant leur maturité complète s'épanouissent en étoiles d'or. Au pied des figuiers d'Inde c'est une profusion de géraniums, de jasmins, de verveines et de roses, dont les tiges ploient sous leur fardeau embaumé.

A côté de roses de France, des Maréchal Niel, des Malmaison, voici des roses de Bengale, des roses-noisettes, des rose-pompons, des roses soufre ! On dirait que des mains invisibles ont jeté à l'aventure, d'un arbre à un autre pour la fête du printemps, des guirlandes sans fin. Quelques cordons fleuris retombent jusque sur le sol.

Campagnes, bourgs, villes, tout est paré, embaumé. La Sicile n'est plus qu'un immense parterre. C'est merveille de voir de quels soins les Siciliens, généralement insouciants et indifférents, entourent leurs fleurs. Les mères n'en ont pas de plus tendres pour leurs enfants.

Ces plantes, qu'ils ont vu grandir et s'épanouir, ils les surveillent d'un œil farouche et font autour d'elles d'interminables promenades. Ils sont généralement avares de bouquets et si, parfois, ils dépouillent leurs jardins d'une partie de leur parure, c'est en quelque sorte pour rendre hommage à l'étranger qui leur a semblé amoureux, comme ils le sont eux-mêmes, de parfums et de couleurs.

LE THÉÂTRE DE TAORMINE

Taormine : quelle admirable grandeur suivie de quelle profonde décadence ! Quelles ruines désolées après quelle éclatante splendeur ! Fortifications démantelées, aqueducs détruits, témoignent ici de la dévastation du temps unie à celle des barbares.

La ville, ce qui en reste du moins, a une grâce mièvre. Mais c'est son théâtre qui l'a rendue célèbre. Si l'on ne voit plus rien des gradins, les murs qui environnent la scène sont en partie debout et, comme le spectateur antique, le visiteur découvre toujours, par les trois baies du monument, la mer bleue et les côtes de Calabre, l'Etna et ses neiges éternelles, le mont Vénère chargé de bois verdoyants.

Ici, comme dans tous les monuments de l'art antique, la recherche et la grâce des détails fondus dans la force de l'ensemble et dans l'harmonie universelle, attestent avec quel merveilleux instinct les Grecs cherchaient à allier les spectacles de la nature aux jouissances de l'intelligence.

Heureux temps que celui où les yeux ne percevaient que de la beauté !

ACI-REALE

La voie que suit le chemin de fer de Taormine à Aci-Reale passe au pied de l'Etna et traverse des coulées de lave qui, sept fois successivement, avant d'aller se jeter dans la mer, ont dévasté cette paisible contrée.

Tout près des ces torrents pétrifiés s'élèvent des maisons roses ombragées de pins élégants au feuillage sombre et mélancolique.

Mais, autour des enclos où l'on cultive la vigne, la teinte noirâtre de la lave reparaît. Les habitants en ont construit des murs entiers.

Sur les flancs de l'Etna, des vignes et toujours des vignes. Par un labeur incessant, l'homme a tenté peu à peu de reconquérir sur la montagne ce qu'elle lui avait pris et il y a réussi au delà de toutes les espérances.

On ne croirait pas qu'Aci-Reale est une station balnéaire très fréquentée; pour le moment elle est absolument déserte.

Sur la place, de lamentables haridelles attelées à des carrosses démodés attendent de problématiques voyageurs. Mais que de jolies charrettes! Sur leurs panneaux soigneusement peints sont reproduits, de préférence, des sujets empruntés à l'histoire de France : les Croisades ou les victoires de Napoléon Ier.

Quelquefois, l'artiste a puisé ailleurs son inspiration et a retracé les scènes les plus gracieuses des contes de fées : Cendrillon chaussant sa pantoufle, le prince Charmant à genoux, la Belle au bois dormant ouvrant les yeux...

Des mules, grandes et fortes, attelées aux carrioles, sont élégamment pomponnées et traînent des charges variées qui oscillent, se balancent à la grâce de Dieu, avec leur conducteur perché au faîte.

Tout cela, croirait-on, ne tient que par un miracle d'équilibre; pourtant rien ne tombe ou ne se brise quand on met l'animal au galop, pas plus les grosses bouteilles de verre, dont les goulots sortent de paniers en osier, que les légères caisses de citrons destinées à l'exportation.

Les citrons de Sicile sont plus appréciés que les oranges et pourtant ces dernières comprennent sept cents espèces principales, lesquelles se divisent en quatre cents autres branches moins importantes, sans compter une infinité de petites qui ne valent pas l'honneur d'être nommées.

LES SEPT ILES DES CYCLOPES

D'ACI-REALE à CATANE

D'Aci-Reale à Catane, la promenade en voiture ne demande guère plus d'une heure, mais la route est tellement cahoteuse et poussiéreuse que je ne conseillerais à personne de la suivre. Le chemin de fer est préférable.

Une halte aux sept îles des Cyclopes est la chose la plus intéressante du parcours et les noms de Brontès, de Stérope, d'Argès, reviennent à ma mémoire, tandis que je regarde ces rochers basaltiques de forme étrange jetés dans la mer.

Le plus élevé d'entre eux atteint 70 mètres de haut. C'est celui que le cyclope Polyphême aveugle et fou de douleur lança vainement du côté où disparaissait la barque qui emportait l'astucieux Ulysse et ses compagnons échappés, grâce à la ruse, à une horrible mort.

En approchant de Catane, la poussière me paraît plus épaisse qu'ailleurs. Elle y est aussi plus précieuse.

Une quantité de charrettes à bras ou à âne en sont pleines et des va-nu-pieds de tout âge en ramassent, à l'aide d'un balai d'alpha, dans des corbeilles qu'ils emportent chez eux, Pourquoi ?...

Ramasser de la poussière est donc un métier en Sicile ? Si tous ces gens l'exercent, c'est sans doute pour se donner l'air de travailler. Mais à peine légère, petit profit!

CATANE

Que dire de Catane ?
C'est une grande ville qui doit sa prospérité à son commerce. Elle a de larges rues bien dallées et bordées de Palais dont les hautes façades ont un air espagnol.

Des familles nobles les habitent et vivent dans un luxe relatif. Celles qui se piquent d'élégance se croient obligées de se montrer en grand équipage et d'aller « faire Corso » dans les jardins de la villa Bellini.

C'est de Catane qu'on a la vue la plus complète de l'Etna « ce pilier du ciel » comme disaient les Anciens. C'est de là surtout qu'on le comprend mieux. Il se dessine plus imposant que de Taormine. Il a neigé aujourd'hui sur ses cîmes, et la montagne y gagne encore en majesté.

UNE NOURRICE CORFIOTE A CATANE

En descendant les allées en colimaçon des jardins de Bellini, je croise à mi-côte une jeune femme accompagnée d'une nourrice en mantille qui porte son bébé.

Le bandeau blanc qui recouvre le front de la mère suffirait, à défaut de l'air de gravité dont son visage est revêtu, à m'apprendre qu'elle est veuve. L'enfant est une ravissante fillette aux cheveux bouclés. Il faut que sa nourrice s'arrête, parce qu'elle a fait comprendre qu'il lui plaît de me regarder passer. Avec cette grâce charmante qui est l'apanage de certains enfants aimés et aimants, elle ébauche de son bras rond et potelé un geste d'une mimique expressive et qui, dans ce langage particulier des enfants, a toujours signifié : Bonjour.

Je lui réponds : elle s'enthousiasme, se penche et, après avoir consulté du regard, sa mère, dont le sourire l'encourage, elle m'envoie deux baisers de ses menottes pleines de fossettes ; baisers reçus, baisers rendus avec un plaisir infini.

Puis, nous continuons en sens inverse notre chemin et, tandis que la robe noire de la mère et la mantille de la nourrice s'effacent dans la brume du soir qui commence à tomber, mon regard attendri suit à chaque détour du sentier la pelisse de l'enfant et le nœud bleu de son petit bonnet.

Je quitte Catane sans avoir pu faire l'excursion de Mineo. Hélas ! j'ai appris trop tard qu'il s'y trouve une pierre sur laquelle il suffit de poser ses lèvres pour devenir poète.

Délicieuse fiction, qui exprime mieux que tous les écrits la puissance de la bienfaisante Italie, et comment ceux qui s'agenouillent sur cette terre se relèvent avec une flamme dans le regard, un chant sur les lèvres et de l'amour au cœur.

Cher beau pays, quand on revient de te visiter, les yeux, comme certaines gemmes transparentes qui prennent la teinte du ciel, sont remplis de rayons lumineux...

LES LATONIES

LA GROTTE AU-DESSUS DE LAQUELLE SE TROUVE L'OREILLE DE DENYS

SYRACUSE

Syracuse, la plus grande cité grecque de l'antiquité, laisse un souvenir vivace à ceux qui ont le bonheur de la visiter.

Comment ne pas admirer son vaste port, illustré par les luttes prolongées entre les Athéniens et les Spartiates, et la Nécropole où tant de grandes et belles choses sont réunies, assez loin les unes des autres pour que les monuments produisent leur effet, assez près cependant pour qu'ils soient fondus dans cette heureuse harmonie dont l'art antique semble avoir gardé le secret.

Les Latonies, ces anciennes carrières de pierre que, par un raffinement de cruauté, les tyrans avaient transformées en sépulcres vivants, pour les prisonniers de guerre, ne sont plus aujourd'hui que verdures et sourires.

Les lierres s'enlacent à des piliers puissants encore tandis qu'à leurs pieds des ruisseaux courent au milieu des acanthes et des fougères, sur le sol argileux des grottes.

Non loin de là se trouve le théâtre, un des plus imposants de ceux que construisirent les Grecs, puis la voie des tombeaux, pleine de majesté, où se retrouvent encore les traces du passage des chars. Peut-être Timoléon a-t-il suivi cette route lorsqu'il allait rendre ses jugements aux acclamations de la foule...

Une étroite ouverture creusée dans le rocher a été appelée l'oreille de Denys. C'est là, dit-on, que le monstre venait se réjouir des gémissements de ses victimes et recueillir, au milieu de leurs plaintes, des noms qui lui permettaient d'en faire de nouvelles.

L'amphithéâtre Romain, d'une forme elliptique, et fort bien conservé, se trouve un peu à l'écart ainsi que l'autel d'Hiéron, de proportions grandioses. Il fut élevé en souvenir de la fin de la tyrannie, après l'expulsion de Thrasibule.

Tout le passé revit là, glorieux et sanglant... en face de cette mer rayonnante de lumière que le soleil couchant commence à inonder de pourpre. Ses flammes gagnent bientôt tout l'horizon et y allument le prestigieux incendie des soirs. Le bleu du ciel et de la mer rougeoient longtemps dans le même magnifique embrasement... Puis les flammes atténuent leur éclat, s'éteignent peu à peu et, d'un bout du ciel à l'autre, il ne court plus que de minces baguettes d'or.

Avant de rentrer à Ortygia, nous nous arrêtons près de la fontaine Aréthuse. Aujourd'hui comme jadis, elle continue à couler avec abondance. Son nom semble une caresse, une clarté, à côté des pages sanglantes dont se compose l'histoire Syracusaine.

Aucune nation n'eut à supporter une tyrannie comparable à celle des Denys, des Agathocle et des Thrasibule.

On se les imagine volontiers sous un aspect repoussant, avec un visage hideux, et l'on se prend à regretter que les médailles qui nous ont conservé leurs traits, nous montrent, au contraire, la pureté de profils dont la finesse et l'élégance sont à peine déparées par une expression perfide.

Et comment ne pas évoquer le souvenir du noble et doux Archimède dont le nom plane comme une égide sur sa ville natale ?

Mieux que les victoires ailées, d'or et d'ivoire dont les Syracusains avaient le culte, il sut veiller sur sa patrie et la défendre longtemps contre les envahisseurs.

UNE PORTE DE PALAIS

TRAPANI

Nous passons au travers des îles Egates et nous affrontons la mer ivre. Elle l'est en effet et nous secoue rudement, mais qu'importe, en dépit de vents et marées nous voici à Trapani, ville qui serait aimable si une coutume ne transformait le quartier riche en une sorte de nécropole.

Sur de nombreuses portes ogivales, de style espagnol, sont clouées des bandes de drap noir et des inscriptions annonçant que dans la maison on pleure un être aimé.

Quelques-unes de ces épitaphes sont d'une émouvante simplicité : sur l'une d'elles je lis ces deux mots : « Antoinette mia ».

Ces signes de deuil qui se répètent fréquemment restent apposés sur les portes longtemps après que la mort a passé.

A Trapani, des troupeaux de chèvres errent partout, devant les maisons aussi bien que sous le portail des chapelles. Leurs chevriers ont des attitudes et des gestes de bergers grecs.

TROUPEAU DE CHÈVRES SICILIENNES

De la pointe de Trapani la vue s'étend sur la mer et le mont San Guliano (l'ancien mont Eryx des Anciens) ainsi nommé en raison de sa forme qui rappelle celle d'une faucille.

Une ville est construite presque au sommet. D'en bas on ne l'aperçoit guère car elle est perdue dans les nuages. Les habitants y vivent l'été dans la pluie, l'hiver sous la neige.

Non loin de Trapani, les temples de Ségeste aussi bien que ceux d'Agrigente et de Pœstum se dressent sérieux et graves, dans un paysage s'harmonisant avec eux et faisant ressortir leur antique beauté. Comme tous les autres monuments qui ont survécu au Paganisme sur cette terre italienne, ils ont la majesté triste des grandeurs déchues.

De Trapani, pour se rendre à Ségeste, les cochers siciliens suscitent maintes difficultés, se refusant à vous conduire si vous ne partez pas dès le lever du jour. Ils objectent le danger qu'il y a à s'attarder dans la campagne, et vous préviennent qu'ils se réfugieront dans la première hôtellerie venue, au coucher du soleil. Ils ne se soucient certes pas d'affronter la vendetta et les bandits, qui ne manquent jamais, lorsqu'ils croient endormie la vigilance des carabiniers, de tomber, à l'improviste, sur les imprudents voyageurs en criant : « Faccia a terra ! faccia a terra ! »

Il faut pour satisfaire les agresseurs obéir à cet ordre impérieux, c'est-à-dire s'agenouiller dans la poussière. La bande se contente alors de prendre l'argent et les bijoux de ceux que le hasard a placés sur sa route et, par une générosité appréciable, leur laisse la vie.

Mais pendant qu'ils dépouillent leurs victimes, ces avisés voleurs ont soin de s'assurer qu'elles ne trichent pas, c'est-à-dire qu'elles ne les regardent pas à la dérobée.

Tandis que l'on se rend à Ségeste, les cochers ont grand soin de vous montrer de simples croix semées sur le chemin pour vous convaincre que beaucoup sont tombés là dont le nom demeure inconnu et la vaillance ignorée.

On est tenté de croire que ces sombres récits sont exagérés à plaisir ; les chevaux non poussés avancent lentement, il n'est pas rare qu'on soit obligé de revenir sans avoir atteint le but. Et c'est tout profit pour les automédons qui touchent quand même le prix d'une course entière.

PALERME

HOTEL IGEIA

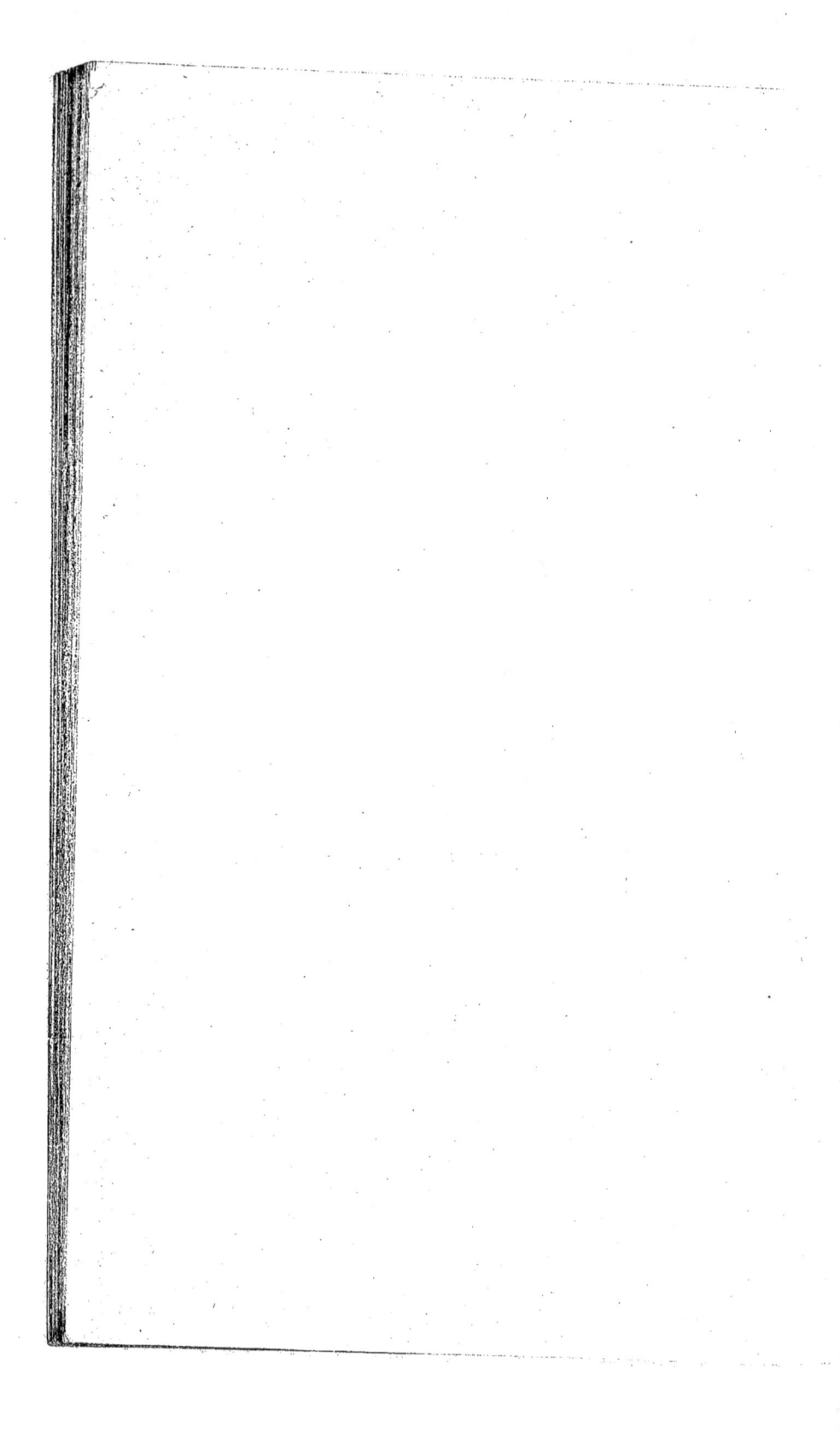

PALERME

27 Mai.

Après avoir doublé le cap San-Vito, nous longeons les découpures de la côte jusqu'à Palerme.

Dès que nous débarquons, les « facchini » nous entourent. Chacun s'empare d'un de nos petits sacs et prétend être payé comme s'il en portait douze !

Oublions-les pour nous rendre à l'hôtel « Igeia » dont la situation est incomparable.

Tout est combiné pour faire de ses jardins un coin privilégié et délicieux.

En face de l'hôtel, se dresse le mont Catalfano, dont on parle rarement et que je préfère au Pellegrino, sorte de montagne pelée de forme massive, paraissant prête à s'effondrer dans la mer.

Mais du fond du tableau, Palerme ressort et surgit plus élégante et plus belle avec ses tours, ses dômes, ses portes variées et sa ceinture de bois embaumés, éternellement verts !

L'on ne sait ce que l'on doit admirer davantage ici, de la couleur de ces paysages divins ou des monuments splendides dont les conquérants ont successivement parsemé le pays.

Tour à tour, les peuples de nationalités diverses qui se disputèrent ce sol fertile et y régnèrent en maîtres : Romains, Sarrasins, Normands, Espagnols, ont laissé des traces de leur passage.

Le caractère de leur architecture respective se retrouve dans chacun des monuments qu'ils ont élevés, puis les styles s'atténuent et se fondent pour aboutir à une forme nouvelle où le byzantin s'allie au romain gothique.

Cette fusion de genres dissemblables s'explique aisément si l'on songe qu'un changement de maître apportait avec lui des idées nouvelles et en même temps amenait d'autres ouvriers, sans pourtant chasser les premiers venus.

Il y eut ainsi une pénétration réciproque qui se traduisit à la longue par cet amalgame étrange, d'où résulta une fantaisie qui charme et étonne à la fois.

Ceci s'applique parfaitement à San Giovanni degli Erimiti une des églises les plus originales de Palerme et qui remonte au XIIe siècle.

Elle a été commencée à l'époque normande et les cinq coupoles peintes d'un rouge éclatant qui surplombent le monument principal nous révèlent le passage des Arabes. Aujourd'hui cette église est désaffectée. Elle est gardée par un ancien soldat de Garibaldi qui baise la main des visiteuses en leur parlant, avec enthousiasme, de son héros préféré.

LE GARDIEN DE SAINT-GIOVANNI DEGLI

PALERME

LA CUBA

LA ZISA

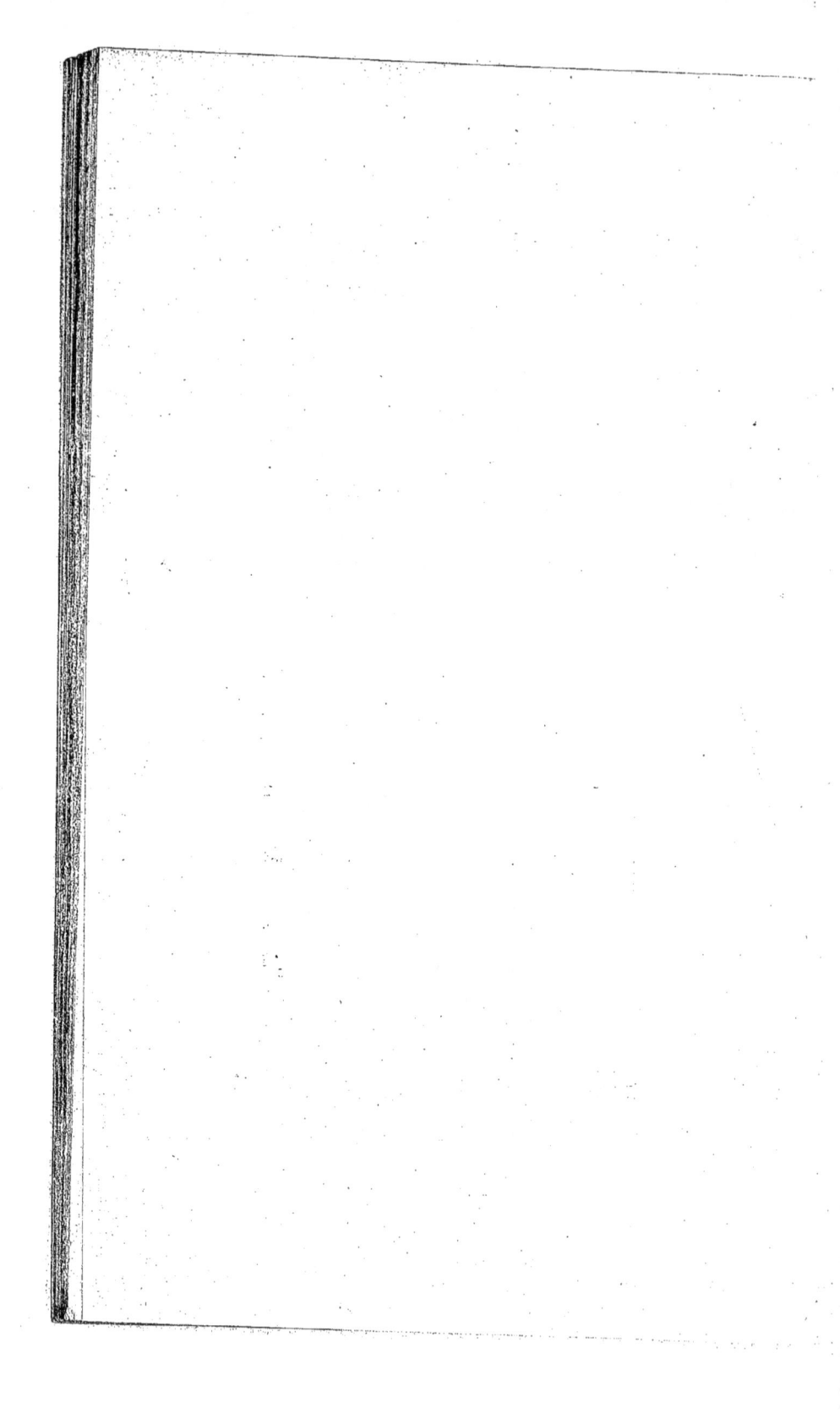

Les Principaux Monuments

de PALERME et MONRÉALE

La Ziza avec ses mosaïques et la Cuba, plutôt forteresse que château, sont des monuments sarrasins.

Construits de ces pierres italiennes qui, friables et faciles à tailler au sortir des carrières, durcissent à l'air et sous les rayons du soleil prennent, à la fois, un beau ton chaud et une consistance extrême, ces monuments ont pu défier l'action des siècles.

A la période normande on doit ces deux perles rares, ces joyaux inappréciables : la précieuse Palatine et la cathédrale de Monréale.

La Palatine est de proportions harmonieuses et d'une admirable pureté de lignes. Le demi-jour qui règne à l'intérieur de la chapelle, le ton adouci de ses mosaïques lui donnent un air de mystère particulièrement attendrissant.

Il vole dans l'air comme de la poussière d'or qui nimbe d'une seconde auréole la tête du Christ occupant tout le fond du chœur.

Le pouvoir de séduction de cette chapelle est si grand, que beaucoup la préfèrent à la somptueuse cathédrale de Monréale.

Sur cette cathédrale et ses précieuses mosaïques de marbre et d'or, d'un dessin parfois naïf tout a été dit et écrit.

Ainsi qu'à la Palatine, une tête de Christ immense tient tout le fond de la coupole.

INTÉRIEUR DE LA CATHÉDRALE DE MONRÉALE

Elles sont identiques ces deux figures du fils de Dieu, à part le sourire moins paternel à Monréale.

Des piliers puissants et élégants, à la fois, soutiennent les murs de la basilique. Leurs fûts ont été empruntés aux colonnes de temples antiques.

A côté de la cathédrale se trouve l'ancien couvent des Bénédictins, avec son cloître aux colonnettes fines et son jet d'eau qui pleure dans un des angles.

CLOÎTRE DU COUVENT DE MONRÉALE

De la terrasse du couvent, la vue embrasse la « Conque d'Or » qui s'épand comme une mer de verdure lointaine et large, aux couleurs changeantes.

Luisants et sombres, les orangers dominent les citronniers à la parure dorée. Le feuillage des néfliers du Japon cotonneux et terne, donne plus de grâce aux oliviers argentés qui ondulent sous la brise marine.

Et comment dire le charme des prairies, tapis frais et tendre des premiers beaux jours du printemps, tendu tout au bout de l'horizon ?

PALERME

CATHÉDRALE DE L'ASSUNTA

Nous revenons à Palerme où il nous reste à voir la cathédrale de l'Assunta, reconstruite à la fin du XIIe siècle et où les rois sont inhumés dans des sarcophages de porphyre, puis l'église de la Martorana datant de 1143 et fameuse par ses colonnes et ses restes de mosaïques.

L'une d'elles représente Giorgios Antiochénos. En signe de respect et d'humilité ce grand seigneur, sous la forme d'une tortue, rampe aux pieds de la mère de Dieu.

De sous sa carapace, il avance une tête timide pour saluer Celle qu'on nomme : Tour d'ivoire, Porte du Ciel, Etoile du matin.

Et dans les traits du célèbre marin nous retrouvons le type occidental tandis que la Vierge est toute byzantine par la forme du visage, le nez fin, busqué, et la grandeur exagérée des yeux.

MOSAÏQUE A L'ÉGLISE DE MARTARONA

LE GRAND AMIRAL AUX PIEDS DE LA VIERGE

Outre la basilique dédiée à la Vierge on doit encore au grand amiral de Roger Ier le pittoresque pont de pierre portant son nom et que tous les voyageurs sont appelés à admirer.

PALERME

PONT DE L'AMIRAL

Palerme possède des jardins un peu démodés, dans le goût italien, mais qui s'allient à ravir avec le paysage où ils se trouvent. Des plates-bandes étroites fleuries en tout temps, des rocailles, des allées en berceau en sont les attraits. Le silence d'un autre âge règne en ces lieux et la paix si précieuse au bien-être de l'esprit y trône en souveraine.

Dans la Villa Giulia et les jardins botaniques on ne rencontre que de rares promeneurs : la société palermitaine préfère le tapage des rues. Elle aime faire « corso » dans de brillants équipages plutôt que de venir admirer les essences rares, les plantes exotiques qui s'épanouissent dans cette atmosphère chaude et humide qui fait qu'on pourrait comparer Palerme à un immense palmarium où les plantes délicates et les êtres frêles sont à l'abri de la dureté des hivers.

PALERME

JARDIN DE LA VILLA GIULIA

JARDIN BOTANIQUE

— 123 —

Et c'est ainsi, à Palerme, une vision perpétuelle d'harmonie et de beauté. Si, un jour, j'ai trouvé dans cette ville « l'heureuse » — comme disaient les anciens — un spectacle d'horreur et de mort, du moins le soleil ne l'éclairait pas, car c'est au fond d'un souterrain, dans un couvent de « Capuccini » que je suis allée le chercher.

PALERME

LES CAPUCCINI

Pendus le long de corridors profonds et sombres, il y a là des squelettes habillés des restes des vêtements qu'ils portaient, lorsqu'il y a des années et des années on les descendit sous ces voûtes. Ces souterrains servent de cimetière.

Ainsi affublés de loques flétries, pendus et grimaçants comme de funèbres pantins, les morts dorment là un singulier sommeil!

Quelques privilégiés sont étendus dans des vitrines, une femme décolletée, en robe d'un rose pâle perd son petit soulier de satin, tandis qu'un bouquet de fleurs tombe en poussière de la main d'un enfant.

PALERME

LES CAPUCCINI

Dans une boîte dont notre cicerone prend plaisir à soulever le couvercle, un cadavre embaumé est couché, c'est celui d'un homme dont le visage est admirablement conservé; il porte une grande barbe. Celui-là repose vraiment dans la paix et la majesté de la mort.

Pendant cette lugubre promenade un moine nous escorte et ne nous épargne aucun détail. Il nous fait revenir par un couloir qui servait de sépulture aux prêtres. Là vraiment paraît s'être concentrée toute l'horreur du spectacle : les têtes décharnées qui s'inclinent sous les barrettes semblent rire ou pleurer.

On passe vite, en fermant les yeux. Quel soulagement de revenir à l'air et à la lumière et de se promener dans le parc funéraire du couvent au milieu de tombeaux de marbre où des ermites en robe brune prient.

PALERME

LE CIMETIÈRE DU COUVENT DES CAPUCCINI

VUE DU JARDIN DU COUVENT SANTA-MARIA DI-JÉSUS

Volontiers ils interrompent leurs méditations pour épeler aux visiteurs les noms inscrits sur les dalles polies, ou leur faire remarquer les bustes, haut placés sur des fûts de colonne, qui émergent comme des colombes entre les arbres verts chargés de baies.

Aujourd'hui, le lieu de sépulture le plus recherché de Palerme est à Santa-Maria di Gesü, près du couvent qu'ombragent des pins, les plus beaux peut-être de toute la Sicile.

BATEAU AVEC LA VOILE DE FORTUNE
ET PLUSIEURS AUTRES BÂTEAUX DE PÊCHE
RENCONTRÉS EN MER DE PALERME A BOSA

Nous quittons Palerme et nous gagnons le large. Grâce au temps calme, il y a beaucoup de barques dehors : les unes sont penchées sous leurs voiles latines tandis que les autres sous leur foc et leur brigantine courent des bordées et piquent du nez dans la vague.

Un trois-mâts barque et un brick-goélette au large sont chargés de toute leur toile.

Nous croisons un bateau dont les voiles sont percées à jour d'une grosse lune. Les marins prétendent ici que cette coutume peu répandue et qui nous étonne, est propice à la navigation.

Une embarcation passe très fière, elle a hissé « sa fortune » ; un bateau de plaisance échange courtoisement, avec nous, le salut traditionnel; un peu plus loin quatre marsouins cabriolent à l'avant du yacht. En hâte on se prépare à les pêcher, mais quand les lignes sont prêtes, les malins ont disparu.

A distance, tous ces détails paraîtront presque enfantins à ceux qui n'ont pas navigué assez longtemps pour comprendre l'intérêt qu'on attache, en mer, à des choses très simples.

Un vol de canards rasant l'eau, les cris aigus des mouettes en quête d'une proie, le plaisir d'observer la tourterelle qui se repose au plus haut des mâts et la tristesse de la voir s'envoler alors qu'on espérait pour charmer la route, des ailes joyeuses et de doux roucoulements.

LES DAUPHINS

SARDAIGNE

DES SARDES

BOSA

Nous cinglons vers la Sardaigne et pour arriver jusqu'à Bosa petite ville sarde très pittoresque, il faut laisser le yacht, armer le steam-launch qui file sur la rivière de Tomo léger et rapide tel un oiseau de mer.

Les Sardes portent tous le costume national : veste noire, culotte blanche et hautes guêtres retenues par des jarretières bleues. Parfois un petit jupon plissé et un gilet de couleur claire apportent au costume une note amusante. Le bonnet, le fameux bonnet sarde sert à protéger du soleil, de la pluie ou du vent, tantôt il se dresse droit, tantôt il retombe avec fatigue sur le front, se penche à droite, à gauche, suivant le côté où souffle la bise redoutable.

Les hommes ont le teint bruni, les yeux et les cheveux d'un noir de jais.

Quant aux femmes, leur peau a la couleur d'une orange mûre,

SARDAIGNE

FEMMES SARDES OCCUPÉES A VANNER LE BLÉ

leur regard est farouche. Lorsqu'on leur parle on sent chez elles le désir d'être aimables, et ce contraste les rend intéressantes.

Le costume féminin est des plus pittoresques. Parfois un jupon à tuyaux d'orgue est posé sur la tête et ce chaud vêtement protège contre les intempéries si fréquentes dans cette île. Se couvrir la tête et la bouche est en effet le moyen préconisé contre la malaria. Malgré cela, presque tous les habitants de ces parages semblent minés par la fièvre : la maigreur du corps accuse chez eux une perpétuelle consomption.

De Bosa, nous allons par le train à Macomer.

MACOMER

Malgré une apparence magnifique, l'hôtel possède une primitive installation mais les draps sont blancs, les planchers assez nets en dépit de quelques puces alertes qui sautent çà et là.

Pour toute nourriture nous aurons du bœuf et du macaroni et nous devons nous réjouir de cette viande bouillie qui est un luxe pour la contrée.

On rencontre, semés un peu partout sur le sol de la Sardaigne, des monuments mystérieux, les *Nuraghes*. Ces monuments étranges de forme conique construits de gros blocs de pierre d'origine volcanique posés sans mortier les uns sur les autres en un prodige d'équilibre ont défié l'action des siècles. Leur base mesure plus de quarante pieds de circonférence et ils s'élèvent au-dessus du sol à une hauteur qui atteint dix-sept mètres. A chaque étage se présente une grande salle de forme ovoïde dans les murs de laquelle des niches sont pratiquées, une rampe en spirale conduit aux étages supérieurs, généralement au nombre de deux.

Les Nuraghes servaient-ils de tombeaux? Les archéologues ont longuement discuté la question sans la résoudre. C'étaient peut-être des habitations alors que l'île ne faisait autrefois qu'un seul pays avec la Corse.

A l'appui de cette opinion, on a fait remarquer qu'autour des nuraghes on distingue encore les traces d'une sorte de che-

MACOMER

LE NURAGHE DE SAINTE-BARBARA

LE HARAS DU SIGNOR PERCY

min de ronde d'où chacun, au temps où la lutte pour la vie était encore plus âpre qu'aujourd'hui, pouvait exercer sa surveillance contre la venue de l'ennemi : homme ou fauve.

L'approche de celui que nous visitons près de Macomer, petite localité de la province de Cagliari, est protégée par des rochers qu'il faut escalader pour arriver jusqu'à lui. Pour pénétrer dans la chambre voûtée qui formait comme l'entresol de cette habitation des vivants ou des morts, on rampe jusqu'à une ouverture basse percée au ras du sol.

Les nuraghes sont, comme on voit, d'un accès plutôt difficile et manquaient, si vraiment ils servaient d'habitations, du plus élémentaire confortable.

Aussi a-t-on supposé qu'ils étaient antérieurs à la conquête de l'île par les Carthaginois et qu'ils remontent aux Phéniciens. Mais on en est réduit sur ce point à d'incertaines hypothèses et ces édifices gardent avec le secret de leur origine celui de leur destination que nul n'a pu leur arracher. Le passé a des mystères plus insondables encore que ceux de la science.

Le lendemain matin, dès l'aube, il fait un vent assez piquant dont nous sentons facilement les atteintes du point élevé où nous nous trouvons. Ce léger contre-temps ne nous empêchera pas d'aller visiter les fameux Nuraghes qui sont le principal but de notre excursion en Sardaigne.

On croyait qu'il ne s'en rencontrait qu'en Sardaigne; depuis, on a trouvé, dans d'autres contrées, des traces de constructions analogues. Mais c'est dans l'île méditerranéenne qu'ils sont en plus grand nombre et d'une conservation assez parfaite pour permettre de les étudier.

En revenant à Macomer le guide nous montre le « haras du Signor Percy ».

Lorsqu'il prononce ces mots de « haras » et de « signor » l'emphase de notre cicerone nous divertit fort.

Nous ne voyons dans ce fameux haras que de bizarres petits chevaux, au poil rude, à la crinière emmêlée, rappelant, en plus grand, les poneys corses et dont le manque absolu de formes serait suffisant à lui seul pour qu'on ne prenne aucun souci de l'espèce.

Ils galopent en liberté dans de maigres champs pierreux.

Toute cette région est rocailleuse et revêt de ce fait un aspect de désolation caractéristique.

En approchant de Sassari, le tableau change. On admire le pays accidenté, qui présente un décor varié de ravins, de rochers et de torrents.

En hiver l'eau jaillit de partout avec une étonnante abondance. Les blés, les champs de fèves, tout est inondé, mais quelle misère noire révèlent les humbles petits logis à l'entrée desquels on aperçoit des visages hâves et tristes, d'hommes, de femmes et d'enfants qui semblent marqués au front par la douleur !

Une jeune mariée dans ses coquets atours vient regarder passer le train. Je lui demande la permission de la photographier.

Fière de son fichu et de son bonnet blancs, de son tablier de soie à fleurs, de ses bijoux, elle se prête avec une grâce naïve à mon caprice, sous la promesse qu'on lui enverra son portrait. Mais le train siffle, nous repartons ne connaissant d'elle que son prénom.

UNE MARIÉE SARDE DANS SES BEAUX ATOURS

LA FONTAINE SAINT-GAVIN

SASSARI

A Sassari, l'hôtel est plus confortable qu'à Macomer, les chambres sont vastes mais très humides.

Comme nous nous plaignons de leur manque d'entretien et du peu de soin de leur arrangement, on nous répond : « Pourtant pour des voyageurs qui s'étaient annoncés on a balayé sous les lits, avant-hier! »

Nous avons tenu à passer un dimanche à Sassari : ce jour-là, la ville présente un attrait et une animation particuliers. On rencontre à chaque pas des groupes de sardes qui sont venus de loin pour les offices et le marché ; les costumes varient avec chaque village. Il y en a qui sont rouges. A côté voici de courtes vestes simplement taillées dans une peau de chèvre.

Le bonnet sournoisement rabattu sur les yeux, les hommes nous épient pendant que nous les regardons nous-mêmes.

UN SARDE

Sur la place passe le bandit, comme nous l'avons dénommé, type un peu inquiétant qui, après avoir accablé nos gens de questions indiscrètes ne nous quitte pas d'une semelle depuis deux jours.

Méfions-nous : en Sardaigne bien plus qu'en Sicile, « Prudence est mère de sûreté ! »

La misère pousse trop souvent les Sardes à chercher dans la violence les ressources qui leur manquent. L'hiver, lorsqu'après de mauvaises récoltes, il ne leur reste plus que quelques châtaignes pour vivre, ces déshérités n'hésitent pas à se porter en nombre vers les fermes importantes, et à exiger, les armes à la main, de plus favorisés qu'eux-mêmes les provisions qui ont excité leur convoitise. Ils obtiennent la plupart du temps ce qu'ils demandent impérieusement. Leurs compatriotes savent que la résistance les exposerait à l'incendie et même au meurtre.

Une voiture qui ressemble à une brouette tant elle est légère et instable, nous conduit dans les rues de Sassari pittoresquement sillonnées de petits ânes aux naseaux fendus, aux oreilles coupées et qui, chargés de barils, vont à la fontaine chercher la provision d'eau nécessaire à la ville. Cette fontaine qui date de 1605 est sous l'égide de Saint-Gavin!

Ses alentours sont animés et la place elle-même est curieuse.

Les vieilles murailles, barrières croûlantes contre lesquelles elle est adossée, témoignent de l'importance qu'eut jadis Sassari.

Nous aurions désiré nous rendre dans l'après-midi à Osilo, dont les 5.400 habitants portent le costume national. Mais une pluie fine et pénétrante nous dérange et nous empêche de donner suite à ce projet.

FEMMES DE SENNORI

Sennori nous réserve, le lendemain, de plus agréables moments. Nous partons dans la matinée. Au long de la route, sous un soleil clair, bourgeonnent les épines noires et les pervenches étoilent le gazon des talus de leur fragilité et de leur pâleur tendre.

La saison rigoureuse s'est prolongée, les fleurs comme le ciel ont des teintes adoucies d'un bleu gris de lin.

A Sennori, les costumes féminins sont gracieux et les femmes, qui se livrent à des travaux de vannerie, utilisent pour cette industrie une sorte de palmier nain qui pousse naturellement dans le pays.

FEMMES DE SENNORI TRESSANT DES PANIERS

Elles vannent aussi le blé et leurs gestes rivalisent d'harmonie souple et sobre.

Le plaisir de regarder ces travailleuses nous retient longtemps dans les rues de la petite ville qui nous semble respirer une aisance relative, presque la richesse dans ce pays ingrat.

CAGLIARI

Pour aller à Cagliari rejoindre notre yacht où le capitaine a reçu l'ordre de venir nous reprendre, il nous faut traverser à nouveau les plaines désertes et pierreuses qui nous avaient attristés lors de notre excursion à Macomer.

Tout est noir dans cette région : la terre aussi bien que les pierres qui la couvrent.

Les habitants ont, comme les Arabes, des procédés sommaires de culture.

Tandis que le train avance lentement, quelle solitude, quelle désolation ! On les compare involontairement à celles qui devaient régner dans la vallée de Josaphat.

Cagliari, construite sur une éminence, contraste heureusement avec la mélancolie de la route. C'est une jolie ville italienne partagée en quatre parties distinctes.

D'anciennes portes, la Tour de l'Eléphant, l'amphithéâtre en ruines suffisent à lui donner du caractère, tandis que ses routes ombragées d'arbres à feuilles caduques, sa jolie vue sur le golfe et la foule gaie, vivante, remuante, qui se répand sur ses promenades le long du port, lui donnent un aspect séduisant.

Le charme de ses maisons qui s'étagent comme des fruits mûrs en espaliers au flanc de la colline est non moins plaisant.

Cagliari est, d'ailleurs, une ville privilégiée. La population ne connaît pas la fièvre qui règne dans le centre de l'île. Elle doit cette immunité à sa situation exceptionnelle.

Le « Grace Darling » a dû subir une traversée mouvementée et être forcé de chercher un abri car il n'est pas encore arrivé à Cagliari, lorsque nous descendons du train. Nous voici donc errant sur la jetée comme d'aisés bohémiens en voyage, chargés de nos sacs. Un peu déçus et désemparés nous allons à la recherche d'un gîte et nous nous résignons à dîner à l'hôtel qui, selon l'habitude sarde, a plus d'aspect que de confort.

A dix heures du soir, un marin vient nous avertir que le bateau est là. Il nous apporte un mot du capitaine qui s'excuse expliquant qu'un fort coup de vent l'a forcé à relâcher en route.

Qu'importe, puisque nous pouvons regagner ce soir le bord!

Comme on se sent bien là, à la clarté des lampes, entouré de ses objets familiers !

CORSE

BONIFACIO

BONIFACIO

De Cagliari nous allons à Bonifacio.

Depuis hier la mer est houleuse, mais nous en souffrons peu à l'abri des côtes de Sardaigne que nous longeons encore.

A la nuit tombante, nous passons les Bouches de Bonifacio.

En face de la ville, en rade, le vent est un ennemi redoutable. Nous craignons presque de voir notre léger bateau se briser contre la muraille de rochers qui forme les parois du dangereux couloir où nous sommes venus chercher un refuge. La tempête ne va pas tarder à se déchaîner. Il ne faut point songer à descendre ce soir à Bonifacio. Bien plus, nous allons être condamnés à veiller toute la nuit. Un torpilleur vient de nous avertir que le bateau-poste, le *Syros*, est incessamment attendu et nous sommes presque sur son passage, le chenal étant d'une étroitesse extrême.

Les mugissements du vent couvrent en partie les appels de la sirène qui signale l'approche du *Syros* et nos matelots doivent redoubler de vigilance pour éviter une catastrophe.

Enfin, à quatre heures du matin, le navire est signalé et son passage s'effectue sans encombre.

On accède à Bonifacio par des escaliers sans fin, mais si faciles que bêtes et gens les gravissent aisément.

La ville est curieuse et son étendue restreinte permet de la visiter rapidement.

Dans l'après-midi le vent fou se calme un peu, nous allons dans la campagne errer par des sentiers de chèvres entre des haies de buis et de génévrier.

Sous nos pieds, d'un coup d'aile vigoureux, des merles partent avec un cri strident.

Les merles de Corse sont un gibier réputé; nous n'avons pu encore en juger. Par contre, les grives achetées ce matin étaient maigres et coriaces et nous ont vraiment paru « un bien petit mets ».

Le soleil vient de disparaître. Il a tout empourpré de ses derniers rayons; mais leur fauve lueur s'éteint bientôt, nous laissant seulement un fugace souvenir que d'autres spectacles effaceront bientôt.

Le crépuscule mourant nous imprègne de sa mélancolie, la brume estompe l'horizon et nous rentrons.

Vite, de la lumière pour chasser les fantômes, et du thé qui nous réchauffera. Reprenons-nous à vivre, causons très haut, afin de ne pas nous laisser aller à la tristesse de l'heure grise !

La Corse est un beau pays qui présente les aspects les plus variés.

On y rencontre à la fois : la flore africaine et la végétation du Nord, des montagnes abruptes et des coins abrités chauds et plaisants.

Ce matin il fait un temps admirable et comme nous allons à Ajaccio, la mer aussi bien que les nuages rappellent les robes de Peau d'Ane tant ils ont une transparence diaphane et des nuances multiples.

La matinée est consacrée au souvenir de Napoléon et de Mme Lœtitia, l'après-midi à la « Punta » ce pavillon des Tuileries qui fut apporté pierre par pierre pour être reconstitué sur la terre corse et y perpétuer le souvenir du passé.

Sur la montagne, à 600 mètres d'altitude, le château domine Ajaccio qui, de là, apparaît telle une ville lilliputienne.

Par beau temps nous allons à Calvi, ravissante petite ville dans un site montagneux. Avant de partir pour la côte italienne nous n'aurons vu en Corse que trois sites d'un caractère bien différent mais également intéressants.

Pendant que nous longeons les côtes accidentées de l'île Corse, des effets de lumière donnent au paysage les aspects les plus divers.

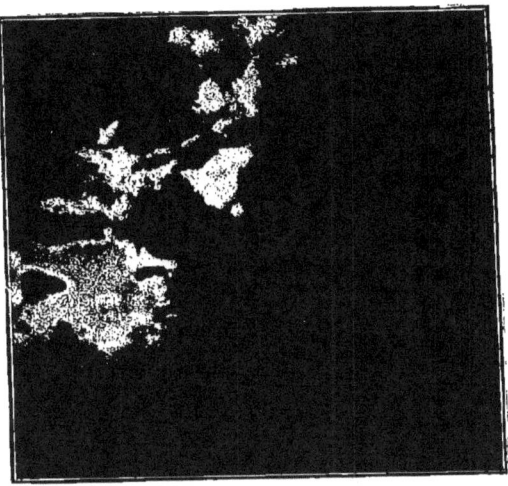

LE CIEL D'ORAGE SUR LES CÔTES DE LA CORSE

Les montagnes sombres s'éclairent et leurs cimes neigeuses étincellent sous les rayons obliques qui fusent en gerbe.

Les coins d'azur s'ouvrant dans le ciel, rappellent les images pieuses où l'on voit, dans une lumineuse auréole, un œil immense abaissant sur le monde un regard grave et doux.

L'ILE D'ELBE

ET

La CÔTE ITALIENNE

L'ILE D'ELBE

9 Juin.

Nous déjeunons et dînons « au violon » ce qui n'évoque aucune idée de plaisir, le « stewart » doit prendre cette précaution pour éviter la casse lorsque la mer est forte.

Nous allons directement à l'île d'Elbe avec l'espoir d'y trouver un abri propice au repos nocturne.

Le gros temps en Méditerranée secoue également les petits bateaux à voiles, les yachts à vapeur et les transatlantiques. Cette force soudaine de la nature et l'impuissance des efforts humains contre elle, étonne et surprend ceux qui n'ont pas l'habitude de naviguer.

Quand le vent fait rage, comme aujourd'hui, que la petite coque qui vous porte est violemment secouée et craque sous les coups répétés des vagues en furie, quand on embarque des paquets de mer et que le pont est sans cesse balayé par les lames, on devient grave.

Pourtant la crainte d'un danger mortel n'est pas présente à l'esprit ! On ne s'imagine pas que le bateau pourrait sombrer.

Cette absence de nervosité s'explique par l'impuissance absolue de pouvoir tenter personnellement quoi que ce soit pour assurer la sécurité générale. On s'en remet au capitaine, à l'adresse des matelots ; l'on reste calme, à la grâce et à la garde de Dieu !

L'île d'Elbe n'a gardé que peu de traces du passage de l'empereur.

Dans la ville et même dans la maison qu'il occupait trop peu de chose rappelle son souvenir aux visiteurs. On se borne à vous promener dans le petit jardin où le vaincu n'a sans doute pas manqué de méditer sur les vicissitudes de la fortune, et d'où il a préparé son retour.

En dépit du vent qui nous cingle le visage, nous arrivons au vieux château, point culminant de l'île.

De là, on nous montre la modeste maison de campagne que Napoléon préférait au séjour de la petite ville.

Est-ce le souvenir de l'aigle blessé arrêté dans son essor et prisonnier dans cette île abandonnée, ou bien l'ombre que projettent les pins majestueux qui assombrit nos idées ? Je ne sais, mais nous avons hâte de nous éloigner de cette terre d'exil qui nous laisserait une pénible impression si pour nous embarquer nous n'étions descendus sous un bois de pins, où serpente un sentier étroit, bordé d'iris blancs.

Et nous repartirons sans avoir visité les mines de fer ouvertes le long de la côte, chacune ayant son appontement pour charger directement le minerai sur les bateaux.

LIVOURNE et MASSA

10 Juin.

Aussitôt en pleine mer, le vent de nouveau fait rage; à bord tout croule et gémit.

Les voiles sont hissées, elles aident notre marche et nous arriverons à Livourne plus tôt que nous ne pouvions l'espérer et avant la nuit.

La ville est grande et belle, il fait très froid lorsque nous y débarquons et nous décidons d'aller par chemin de fer jusqu'à Pise.

Entre Pise et Livourne s'étendent à perte de vue des marais parsemés de huttes nombreuses. Elles sont destinées aux chasseurs de canards. Des maisons et des fermes sont aussi disséminées dans ces marécages. Ce coin de la plaine toscane pourrait s'appeler le « Chantilly de l'Italie » car les principales écuries de courses ont installé ici leur centre d'entraînement et d'élevage, les Italiens se montrant, chaque année, plus ardemment passionnés de sport.

Des pins maritimes géants, forment autour de Livourne avec des chênes lièges et des chênes-verts, de véritables forêts.

Après Pise, trop connue, dont nous entrevoyons seulement le dôme, voici Massa, petite ville pittoresque. Elle est dominée par le château qu'habita Elisa Barocchi.

De cette demeure seigneuriale on découvre un panorama grandiose. La princesse n'avait pas hésité à faire raser la belle cathédrale de Massa qui bornait l'horizon.

Nous sommes révoltés de ce vandalisme sans excuse, car il s'exerça à une époque où l'on devait respecter l'art, puisqu'on en connaissait le prix. Ce château est aujourd'hui une prison. Heureux prisonniers! A défaut de la liberté ils jouissent d'une vue superbe grâce au caprice d'une femme.

LES CARRIÈRES DE MARBRE

CARRARE

Presque à l'égal de Paros, Carrare, ce nom lumineux, résonne haut et fier dans le monde entier.

La sauvagerie, le calme du site en imposent. Tandis que la base des monts est verte, riante, parsemée d'oliviers, le marbre met sa blancheur mate sur leurs hauteurs.

L'hiver, la neige y mêle son hermine, mais les tons de ces deux blancheurs sont si différents que l'œil le moins exercé les distingue aisément.

Les marbres statuaires les plus beaux présentent une teinte blanc jaunâtre qui les fait rechercher au point qu'on n'hésite pas à les payer de 1.200 fr. à 2.400 fr. le mètre cube.

Le marbre de deuxième qualité est d'un blanc mat. Le plus ordinaire est celui qu'on nomme « ravaccione » du nom de la carrière d'où on l'extrait.

Le ravaccione est blanc, opaque, avec quelques veines grisâtres.

Enfin, reste le marbre bleu « turquin » au fond bleu-ardoise clair, aux veines larges, blanches et transparentes, réservé aux besoins de l'industrie.

Nos marbres français ne peuvent être comparés à ceux de Carrare qui fournit à nos musées et aux expositions de nos salons son blanc peuple de statues.

Et n'est-il pas curieux que la nature, comme par une attention délicate, est placé en Grèce, et en Italie, à proximité de la main d'artistes qui s'appelèrent Phidias et Michel-Ange, la matière dont ils avaient besoin pour leurs chefs-d'œuvre ?

C'est dans la blancheur immaculée du marbre de Carrare que Michel-Ange avait l'audace de tailler à plein ciseau, sans se préoccuper du travail préparatoire de la maquette.

CARRARE

LES OUVRIERS TAILLANT LES MARBRES

Il y a plus de trois mille ouvriers dans cette petite ville italienne. Trois mille ouvriers! occupés à extraire le marbre, à le transporter, à le dégrossir, le polir ou le sculpter.

On peut les voir, installés en plein vent, dans des baignoires qu'ils achèvent de creuser au ciseau pendant qu'à travers un chemin impraticable pour les piétons, tant il est rempli de boue gluante, des chariots traînés par des bœufs amènent au pied de la montagne les blocs les plus précieux.

Ils sont d'une race particulière ces bœufs à robe gris clair, presque blancs, le museau noir et les cornes effilées et brillantes.

Afin d'augmenter la puissance du tirage, le bouvier qui les conduit s'assied au milieu du joug qui lie les bêtes paisibles et fortes.

Le train est en gare, nous l'entendons siffler, il faut renoncer à visiter un de ces nombreux ateliers d'où, vu la rapidité du travail exigé aujourd'hui, ne sortira jamais une statue comparable à celle de cet artiste fameux dans l'antiquité qui, son œuvre achevée, la voyant toute baignée de soleil, semblant vivre et frémir devant lui, lui criait : « Marche ! mais marche donc! »

CARRARE

LA DESCENTE DES BLOCS DE MARBRE DES CARRIÈRES

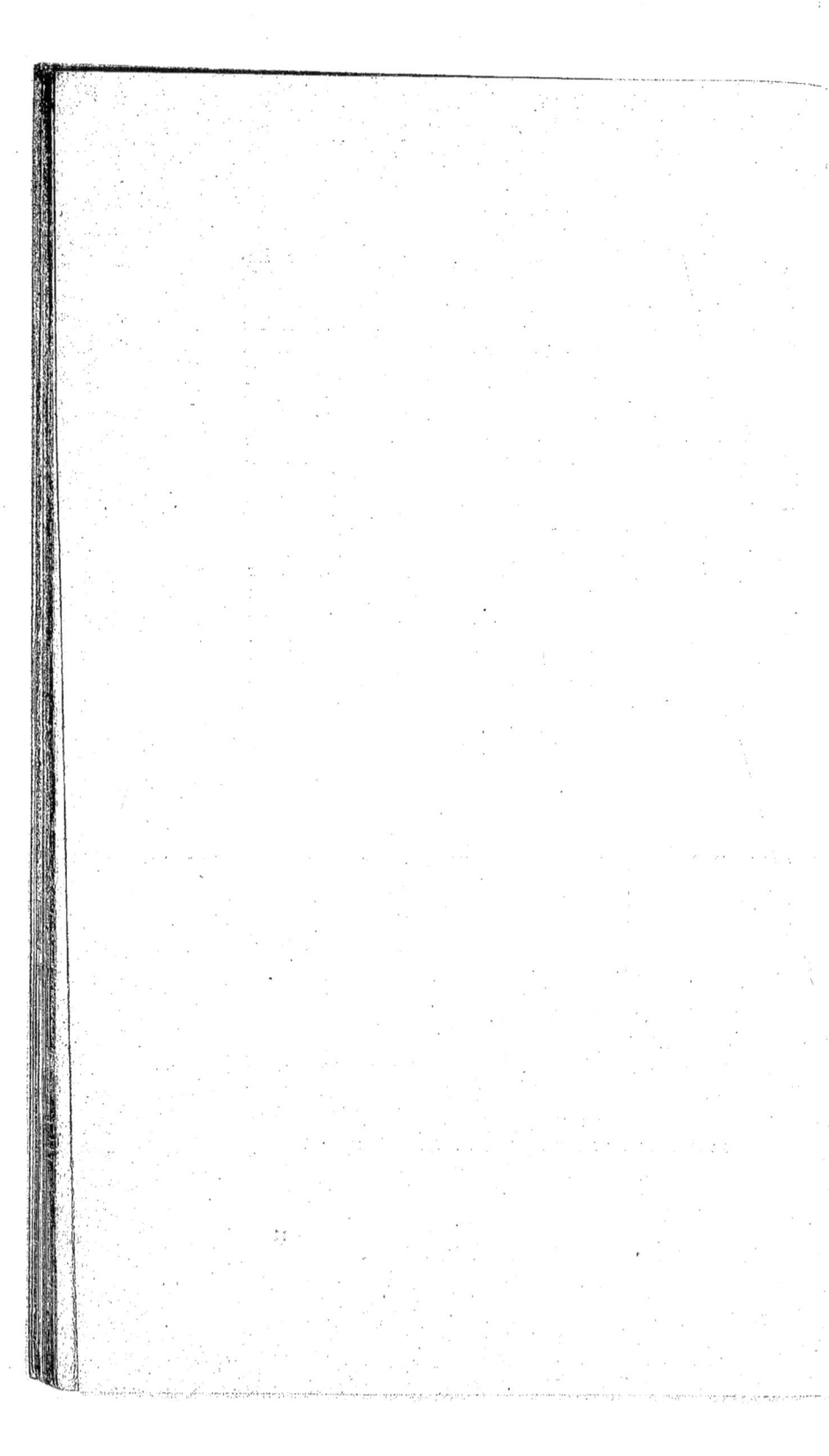

LA SPEZZIA

---

12 Juin.

La rade immense offre un coup d'œil féerique et de la passerelle de notre bateau, à l'heure dorée qui précède le coucher du soleil, nous allons jouir d'un spectacle d'une telle beauté que le souvenir en restera pour toujours dans mon cœur et dans mes yeux !

La rade est pleine de vaisseaux de guerre, il y a un va-et-vient incessant de bateaux qui transbordent les ouvriers de l'arsenal. Des steam-lunch emmènent des officiers et dépassent des canots montés par des marins qui rament en cadence.

Les montagnes, comme un cercle magique, entourent la rade et les cimes blanches des Apennins étincellent au soleil couchant. Quels mots sauraient dépeindre une telle splendeur !

Demain nous partirons pour Gênes où nous débarquerons pour rentrer en France.

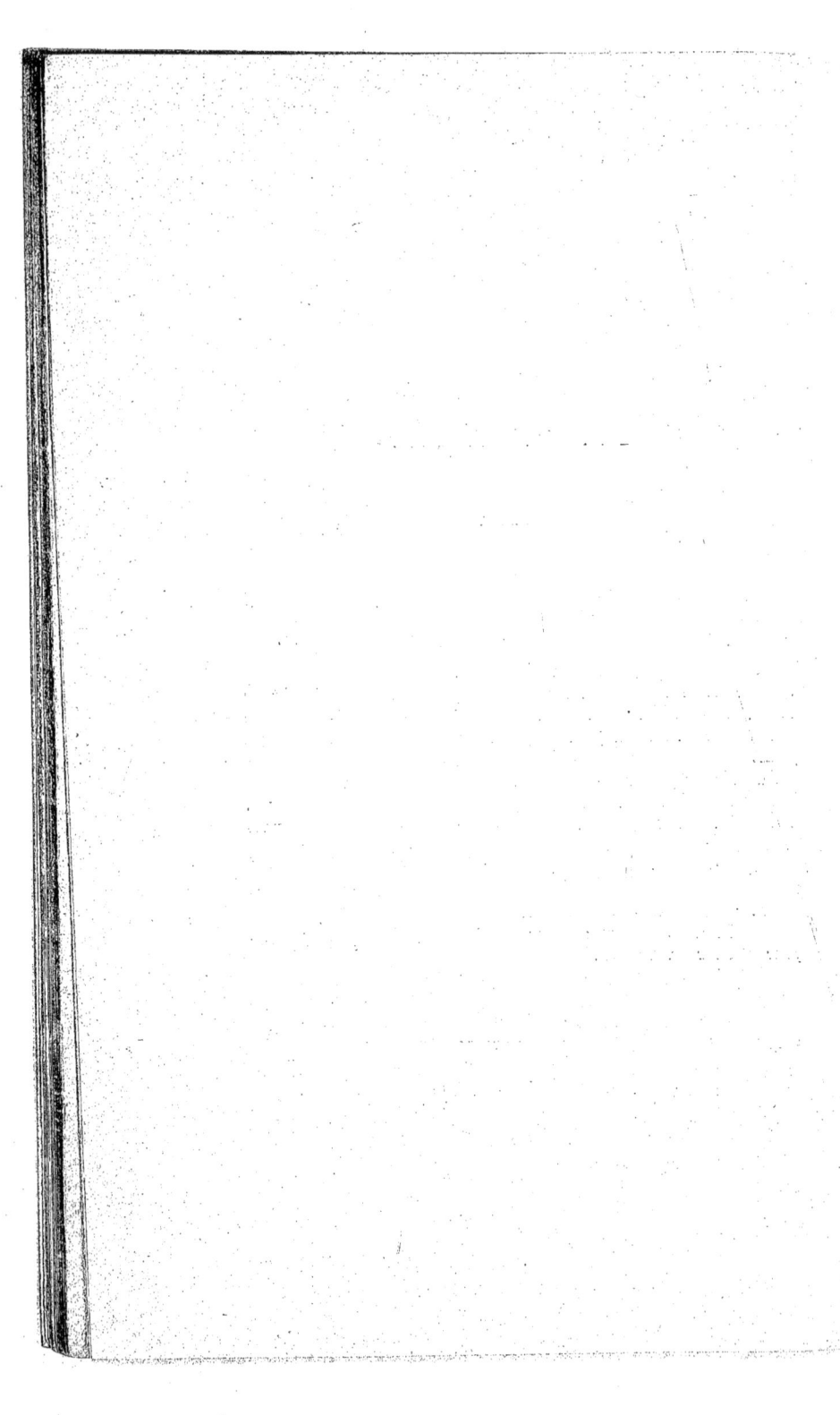

ALGÉRIE
et TUNISIE

ALGÉRIE

« *Les voyages sont la partie frivole de la vie des gens sérieux, et la partie sérieuse de la vie des gens frivoles.* »

ALGER

ALGER

4 Décembre.

Par un beau temps, quand les caprices de la mer n'entravent pas la vitesse de nos transatlantiques, Alger est aujourd'hui aux portes de Marseille.

Sur le pont du paquebot qui nous emporte, les passagers se promènent gaiement en devisant dans des idiomes divers où l'accent méridional domine.

J'entends un de mes compagnons de route s'inquiéter du manque de distractions à Alger. Sa femme l'accompagne, elle est, dit-il, habituée à la gaieté marseillaise; elle s'ennuiera certainement. Sur l'assurance qu'il existe des cafés chantants où une dame peut se montrer avec son mari, l'excellent époux est tout réconforté et ne demande rien de plus. Voilà une façon assez imprévue de chercher la couleur locale.

Mais nous voici en rade d'Alger, la blanche. Elle se présente en amphithéâtre, riante et jolie comme ses sœurs de la Méditerranée, un peu banale aussi avec ses hôtels à quatre ou cinq étages qui bordent les quais.

La manœuvre toujours lente de l'abordage étant enfin terminée nous avons l'autorisation de descendre à terre.

Il est près de deux heures, nous n'avons pas déjeuné, il faut donc commencer à se mettre prosaïquement en quête d'un restaurant. Entre les tables de celui que nous avons choisi, circule un vendeur de journaux petit, vieux, au dos en hotte. Il crie : « La Dépêche! le Gaulois! le Figaro! »

D'une honnêteté scrupuleuse, il n'essaie pas, comme les camelots indigènes qui s'agitent au dehors, et auxquels l'entrée de la salle où nous sommes est interdite, d'écouler les feuilles de la veille; il explique même sans qu'on le questionne : « Les distributions ne sont pas faites, le bateau a eu du retard. »

Quand il sort, le pauvre homme, je regarde les indigènes appuyés contre les grandes vitres du café. Ils contemplent en silence ceux qui pour eux sont les favorisés du ciel. Sur leurs visages on lit plus d'admiration que de convoitise.

Le plafond, tout en glaces, dans lesquelles se reflète la salle du restaurant, les captive. Les Arabes sont tous de grands enfants nonchalants qui s'amusent d'un rien.

Mais leur insouciance n'est que de surface. Dans le cœur de chaque Algérien sommeille un rebelle qui supporte malaisément la domination de l'étranger. Il rêve d'entendre « parler la poudre » dont l'odeur l'excite, et son regret le plus vif est de ne pouvoir s'en griser qu'au milieu d'étincelantes et innocentes fantasias, pâle image des véritables combats.

Pour le moment, il n'y a rien à craindre des indigènes qui errent dans les quartiers neufs, enveloppés de leurs burnous d'un blanc douteux. Il faut, au reste, distinguer des vulgaires traîneurs de babouches, les Mahométans de classe supérieure, qui cherchent à éviter les rues françaises où ils coudoient de trop près leurs vainqueurs.

A peine le lunch terminé nous traversons rapidement la place du Gouvernement où trônent, ridicules et vaniteux dans leurs kiosques peints, des marchands de fleurs coiffés du fez.

Jetant, en passant, un regard sur la mosquée nous dirigeons nos pas vers ce qui reste de la ville haute. Les rues en sont étroites, escarpées; il faut gravir sans cesse des marches usées sur lesquelles courent des ruisseaux gras. Dans chaque demeure, derrière les moucharabieh grillageant les fenêtres, se tiennent en embuscade des femmes parées et peintes comme des idoles qui n'ont d'autre occupation que de guetter l'étranger.

En entendant des pas, elles descendent rapidement l'escalier de leur sordide demeure, entr'ouvrent leur porte avec un sourire affable et, lorsqu'elles devinent un touriste plus épris de pittoresque que de leurs charmes, s'offrent, pour le retenir, à le guider dans le quartier vieux. Leur invitation se traduit par une phrase qui ne change guère : « Le Marabout de la Mosquée ne parle pas français! pourtant on peut l'aller chercher. » Le Marabout sera introuvable et la Mosquée restera fermée ! — On répond : Inutile! merci! bonsoir!...

Inutile... merci... bonsoir... répètent les femmes avec la tristesse d'un désir déçu, et leur regard qui voulait séduire devient mauvais tandis que les enfants que, pour se venger, elles excitent du geste, poursuivent l'étranger de leurs cris et lui décochent, comme une épithète sanglante, ce mot de roumi qui renferme toutes les injures et devient, dans une bouche arabe, la dernière expression du mépris.

***

Dans l'après-midi, nous allons à Mustapha Supérieur dont on m'a parlé comme d'une station hivernale enchanteresse. De même qu'à la Kasbah, la vue sur Alger est merveilleuse et me rappelle le panorama de Nice : même verdure, même ciel, mêmes dentelures de la baie.

Je continue ma promenade jusqu'au ravin de la « Femme Sauvage », pour rentrer dans Alger par Mustapha Inférieur et le Jardin d'essai. Ce dernier est planté de palmiers de toutes sortes, de bambous splendides, de caoutchoucs dont les troncs ressemblent à des enroulements de serpents.

C'est samedi, jour de repos des Israélites; il y a beaucoup de Juives dans les rues. L'essence précieuse dont elles sont parfumées est si forte qu'elle trahit partout leur passage. Chez les Juives d'Alger, la coiffure a su rester originale. Elle consiste en un long foulard sombre noué sur la nuque au moyen de brides de dentelle blanche. La robe de soie tout unie, un peu longue, le cachemire français disposé en pointe, complètent leur toilette de cérémonie.

Un coup d'œil au palais du Gouverneur qui est lui-même un ancien palais arabe aux portes gracieuses, à la cour fraîche ornée de colonnades, et nous quittons Alger pour Constantine.

CONSTANTINE

CONSTANTINE

Constantine, l'ancienne capitale des Numides, posée comme un vautour sur un roc à pic, est d'une conception hardie et surprenante.

Cette ville paraît inaccessible et sa situation explique les illusions de ses vainqueurs successifs qui, dès qu'ils s'en étaient rendus maîtres, la regardaient comme imprenable.

Erreur regrettable! car si l'on en croit l'histoire, Constantine fut assiégée et prise quatre-vingts fois.

Du balcon de l'hôtel où nous sommes descendus nous avons une vision rapide de la vie de Constantine. Au-dessous de nous, s'agitent une foule de têtes coiffées du traditionnel turban; des Arabes s'empilent dans d'invraisemblables calèches et se hâtent de quitter la ville avant que les portes se ferment.

Ces antiques voitures sont traînées par des mules, lesquelles, en guise de portebonheur, ont au cou des chaînes de cuivre doré ou des tresses de laine rouge.

Mais voici nos soldats qui défilent rapidement aux sonores roulements des tambours et à la sonnerie joyeuse des clairons : c'est l'heure de la retraite.

Parmi les monuments de Constantine, la Cathédrale qui n'est autre que la vieille mosquée de Souk-er-Rezel, est fort intéressante.

Elle a gardé intacte sa niche peinte (mirah) (1).

Remarquable de conservation est le palais Hadj-Ahmed construit par le dernier Dey de Constantine. La partie jadis réservée au harem est véritablement délicieuse. Elle évoque une capti-

UNE CUISINE DE RAHBAT-ES-SOUF
(Place des Galettes)

vité dorée et fleurie. On ne songe guère à s'apitoyer sur le sort de celles que la volonté de leur seigneur et maître y tenait enfermées, comme il convient à des femmes de qualité.

Il règne dans ces jardins intérieurs remplis de verdure, entou-

---

(1) Mirah, niche qui indique aux Mahométans, l'orientation de la Mecque, vers laquelle ils doivent se tourner pour prier.

rés de galeries ouvertes, une douceur et une paix incomparables. Malheureusement, de naïves peintures déparent les murs. Elles sont attribuées à un prisonnier français cordonnier de son état et artiste d'occasion.

Pourtant, le sultan Hadj-Ahmed fut tellement enthousiasmé de l'œuvre de son captif que le travail à peine terminé, il lui rendit la liberté pour lui marquer sa satisfaction.

A côté de l'ouvrage du cordonnier, on montre une inscription qu'on attribue aux courtisans d'Ahmed-bey.

« Au nom du Dieu clément et miséricordieux, pour le maî-
« tre de ce palais paix et félicité, une vie qui se prolonge tant
« que roucoulera la colombe, une gloire exempte d'avanies, et
« des joies sans fin jusqu'au jour de la résurrection. »

En dépit de ces vœux, dictés par l'espoir de plaire à un maître redouté, le Dey ne vécut guère en paix dans sa demeure. Et l'entrée de nos troupes dans la ville vint bientôt mettre fin à une puissance qui ressemblait fort à de l'oppression.

Il y a de ravissantes promenades à faire autour de Constantine : la route de la Corniche et le pont du Diable formé d'une seule arche. En bas de Sidi-Rashed sont des merveilles et le sentier qui conduit jusqu'au lit du Rumel est d'un pittoresque achevé.

Comme nous revenons de cette excursion nous assistons, par hasard, à la sortie de l'école israélite.

Dès l'âge le plus tendre, les petites juives ont leurs cheveux noirs teints au henné et quel minois fripon rit sous le cône d'or que le fichu de soie retient sur l'oreille !

EN ROUTE POUR BISKRA

Après avoir passé un jour à Constantine nous prenons la route de Biskra.

Dois-je mentionner, en passant, les lacs Tinzil et M'Zouri ? Leur aspect est banal, nul oiseau ne les égaie, mais la campagne qui les entoure est bien africaine.

Dans l'espace qui s'étend à perte de vue je distingue un chameau, une chèvre, parfois une femme qui se penche curieusement et regarde la course précipitée du train. Puis voici des montagnes roses et la fameuse brèche d'El-Kantara, dans ses désolations de sable d'une saisissante beauté.

On compte, à El-Kantara, vingt mille palmiers.

Les voyages réservent toujours quelques déceptions. Peu après El-Kantara un récent éboulement va nous obliger à faire à pied un kilomètre, tandis que des chariots emportent les gros bagages jusqu'à la locomotive qui fume de l'autre côté du torrent. Il est à sec aujourd'hui mais les eaux, un jour d'orage, ont détruit une partie du viaduc sur lequel passait le train.

Les voyageurs marchent en file indienne. Il y a là des représentants de toutes les races : Anglais, Allemands, Italiens, Maltais et, pour fermer la marche, des Arabes portant sur leur dos des sacs en poil de chameau bourrés d'effets. La plupart sont escortés de leurs femmes qui traînent de microscopiques babouches vernies où n'entre guère que le bout du pied.

Perchées sur leurs hauts talons, emmaillotées dans leurs étranges vêtements, draperies que le vent gonfle, elles roulent comme des barques qui déploient leurs voiles pour gagner le large et avancent avec difficulté. Aussi est-ce avec une lenteur déplorable que le transbordement s'effectue. Nous n'atteindrons Biskra qu'à la nuit close.

BISKRA

Biskra, la Biskra aux palmiers, est particulièrement étrange avec ses rues courtes qui s'ouvrent sur la campagne. Au pied même de l'hôtel que nous habitons, campent des nomades attirés par le ruisseau où les chameaux des caravanes viennent boire à la chute du jour, heure prenante entre toutes !

Des troupeaux de chèvres, escortés d'une gazelle à demi-apprivoisée descendent alors de la montagne dont les sables, avec leur teinte d'or pâle, ont l'air d'une immense peau de lion jetée sur le sol.

Un guide est indispensable à Biskra et, dès notre arrivée, l'hôtelier nous recommande un indigène qui, pour un premier après-midi nous pilote à sa fantaisie et le soir nous conduit auprès d'une misérable maison où, pour écouter la lecture des Mille et une nuits, se réunit une assistance nombreuse. La poésie de ces récits agit toujours sur les imaginations arabes. Par les nombreuses ouvertures du taudis nous pouvons voir le cercle nombreux qui se presse autour du conteur. L'auditoire est assis dans la chambre basse sur la terre battue, les mains croisées, le dos appuyé au mur et tandis que la voix du lecteur s'élève, monotone mais distincte, les visages restent fermés, de cette impassibilité de commande que l'Arabe porte toujours comme un masque.

Le bonheur d'entendre les récits dont Schéhérazade berçait les insomnies du Calife de la légende, s'achète deux sous, consommation comprise.

Pour beaucoup, c'est encore un droit trop onéreux et ceux qui n'ont pu l'acquitter s'en consolent en restant accroupis au dehors près des ouvertures grillagées et, l'oreille tendue, tentent d'attraper au vol quelques bribes de la lecture.

BISKRA

LES CONTEURS EN PLEIN AIR

A dix heures, par ordonnance de police, la salle se ferme comme, d'ailleurs, tous les lieux de plaisir de la ville et les Biskris, de leur pas paisible, en glissant sans bruit le long des murailles, s'en retournent chez eux. Presque tous, sans se préoccuper de la distance qui sépare la ville des faubourgs qu'ils habitent, reviendront le lendemain entendre la suite du conte.

BISKRA

UNE DANSEUSE OULAD-NAIL

Si les Arabes se plaisent aux histoires, surtout à celles où le merveilleux se mêle à la réalité, ils préfèrent encore regarder danser les Oulad-Naïls.

Il suffit, pour s'en convaincre, de se mêler aux deux ou trois cents indigènes qui s'entassent sur les bancs des cafés où s'ébatent les danseuses.

Si elles sont jeunes, elles sont rarement jolies, mais, aux yeux de l'Oriental, la jeunesse a un prestige absolu. Une femme est toujours désirable quand c'est une fleur du printemps.

Lorsqu'on étudie le visage très peint des Oulad-Naïls on s'étonne de constater combien leurs traits sont forts, le menton carré et l'expression de la bouche volontaire La tête est alourdie par deux grosses nattes mélangées d'échevaux de laine rouge et surchargée de plusieurs diadèmes de verroterie. Elles ont l'air ainsi de grossières idoles animées qui tournent et virevoltent. Parfois elles interrompent soudain le rythme monotone de leurs mouvements par des bonds qui les amènent tout près du premier rang des spectateurs. Entre chaque danse, ces hétaïres étranges se reposent en fumant des cigarettes et semblent dédaigner les regards ardents des hommes qui les entourent. Quand leur œil noir se fixe sur un des assistants, c'est avec une dureté calculée et une froideur voulue.

Les Oulad-Naïls habitent une rue à part qui leur doit son nom.

Les autres femmes, voire les petites filles, ne doivent jamais s'y hasarder : père, frère aussi bien que mari ne le toléreraient pas.

La nuit venue, cette rue à Biskra est éclairée de lueurs tremblotantes. Elles proviennent de petites lanternes que les danseuses accrochent à la rampe des escaliers conduisant à leur modeste chambre.

Contrairement aux femmes orientales, ces filles sont libres, vont et viennent à leur guise et lorsqu'elles ont, grâce à leurs charmes amassé une belle dot trouvent aisément à se marier dans leur tribu.

Elles l'amassent jalousement cette dot, A mesure qu'arrivent piécettes et sequins, ils sont enfilés dans une chaîne que les danseuses portent toujours sur elles jusqu'au soir où le collier sera détaché par l'heureux époux.

Les mères des Oulad-Naïls ne sauraient abandonner leurs enfants sur le chemin de la galanterie. Elles assistent à leurs premiers pas, les soutiennent de leurs conseils et les quittent seulement lorsqu'elles sont sûres que celles-ci ont acquis une expérience suffisante pour se mettre à l'abri de l'exploitation masculine.

La ville neuve de Biskra, habitée exclusivement par les Européens, doit pourtant son animation aux indigènes : ce sont eux qui, le matin, vendent et achètent les denrées au marché, l'après-midi escortent les caravanes apportant les dattes de Touggourt et, le soir, dans les cafés, se mêlent en grand nombre, sans hostilité d'ailleurs, à nos soldats.

Les faubourgs de Biskra s'étendent sur un parcours de cinq kilomètres et se nomment Bab-el-Khrokhra, Bab-el'-R'alek, Mçid, Koura, Bab-el-Darb, Gaddecha et Filiach.

Les indigènes que déparent et affligent de fréquentes maladies d'yeux y vivent sous la tente ou dans des maisons faites de briques cuites au soleil.

La grande occupation des Biskris consiste à bêcher des enclos où grandissent les dattiers, pour chacun desquels on paie un impôt de cinquante centimes par tête, à creuser de petits canaux qui amènent au pied des arbres l'eau des sources indispensable à leur vitalité.

De cette eau, malgré sa saveur saumâtre, les Biskris se désaltèrent et ils emplissent leurs outres dans les ruisseaux où, quelques minutes auparavant, ils lavaient, en les battant avec leurs pieds, suivant la mode du pays, des pièces d'étoffe aux tons flamboyants. Et les ruisseaux aux teintes bleues avec des reflets d'argent chantent gaiement.

Pour avoir un aperçu du désert, il faut aller en voiture dans la direction de Touggourt. On connaît le cri que l'aspect du Sahara arracha jadis à nos soldats : « La mer! voici la mer! » et je comprends cette exclamation car en la saison où nous sommes une ingrate végétation — l'hamadeka (plante uniquement appréciée des chameaux) — couvre entièrement la plaine qui s'étend à perte de vue. Grâce à elle, le désert prend une teinte verdâtre qui, là-bas, tout au bout de l'horizon, se confond avec le ciel et qui ressemble à un glauque et immobile linceul.

L'hamadeka est l'unique végétation de ces espaces infinis. Cette plante ne prend d'ailleurs toute sa force qu'après les printemps particulièrement pluvieux et c'est alors que se trouve justifiée la poétique et biblique périphrase : « le désert a fleuri. »

Et c'est un malheur que cette floraison puisqu'elle permet aux innombrables sauterelles voyageuses dont les vols s'abattent sur le sol ardent du désert, de reprendre des forces, grâce à cette nourriture providentielle, et d'apporter la désolation jusqu'aux terres cultivées du Tell.

BISKRA

LA MÈRE D'UNE DANSEUSE OULAD-NAIL

Les sauterelles dévorent tout sur leur passage, même l'écorce des arbres. Seul, l'être animé leur en impose et c'est ainsi qu'un homme en marche peut les voir tomber autour de lui sans qu'elles le touchent et former sur le sol une couche gluante sur laquelle les voitures roulent sans en diminuer l'épaisseur.

Cette multitude d'insectes répugnants a donné naissance à une légende que les Arabes aiment à raconter et qui leur vient du Sultan Omar. Ce souverain, prétendent-ils, lut un jour en tremblant sur l'aile d'une sauterelle qui s'était posée devant lui : « Je ponds quatre-vingt-dix-neuf œufs, si j'en pondais cent, je mangerais le monde. »

L'heureuse vérité c'est que la ponte se fait parfois dans des conditions défavorables, les œufs ne pouvant éclore que s'ils ont été enfouis profondément en terre.

BÉDOUINE ET SA FAMILLE QUITTANT BISKRA
POUR ALLER EN VOYAGE

SIDI-OKBA

Sidi-Okba, capitale religieuse des Zibans, est à vingt kilomètres de Biskra. Le guerrier qui fonda cette ville aux premiers temps de l'Egire, la choisit pour tombeau.

La piste qui y conduit est à peine carossable et traverse des terrains incultes. Dans le lointain on devine des oasis, tandis que sur la droite, fermant l'horizon, se dressent des montagnes rouges, violettes, dont les pieds s'enfoncent dans la rousseur des dunes.

Le paysage, très impressionnant au premier coup d'œil, paraîtrait monotone à la longue si des scènes bibliques ne venaient l'animer.

Les voyageurs que l'on croise en chemin semblent remonter aux temps les plus reculés : ne dirait-on pas Eliézer conduisant ses chameaux et rencontrant Rebecca qui porte sur l'épaule la gracieuse amphore ? N'est-ce pas Abraham qui passe plié sous le poids des ans, pieds nus et vêtu de draperies blanches ? Ce jeune homme ne rappelle-t-il pas le fils de Tobie ayant chaussé des sandales et attendant l'ange qui doit le conduire chez Raguel ? Et les Mauresques dans leurs voiles bleus et flottants ne sont-elles pas vêtues comme la Vierge et les saintes femmes de Galilée ?

Les murailles de Sidi-Okba sont dérobées aux regards par un rideau de palmiers. De loin leur masse compacte et uniforme, la rigidité de leurs feuilles impressionnent tristement. Mais à peine dans l'oasis on éprouve une sensation de beauté harmonieuse et grandiose sous cet enchevêtrement de palmes vertes.

BÉDOUINE DANS UNE OASIS

On dirait que les arbres qui poussent près des sources empruntent à la fraîcheur de l'eau une grâce particulière.

Ils s'épanouissent en élégants panaches, que les rafales du vent ébouriffent comme les plumes géantes de grands oiseaux.

Nous arrivons à Sidi-Okba en pleine récolte des dattes.

Les hommes qui escaladent les troncs inclinés des dattiers coupent les régimes et les jettent à des vieillards ou à de jeunes garçons qui se tiennent au pied des arbres en tendant à deux mains, pour recevoir les fruits, la chemise blanche qui leur sert de tunique.

LA MOSQUÉE DE SIDI-OKBA

En ce pays de chaleur ardente, les vêtements sont regardés comme de purs objets de luxe.

Les enfants, à travers les broussailles, courent nus, et les nomades-adultes se contentent d'enrouler quelques loques de toile autour de leur torse bronzé.

Et tant il est vrai que les idées sur la pudeur varient suivant les climats et les peuples, les mauresques, qui se croiraient déshonorées si elles laissaient voir le bas de leur visage à un étranger, n'hésitent pas, au hasard d'une rencontre, à découvrir des formes plus ou moins attrayantes suivant leur âge. Elles relèvent au petit bonheur pour s'en couvrir la bouche les draperies qui leur servent de jupes et qu'attachent, à la diable, des épingles d'argent.

Je soupçonne la coquetterie féminine d'être pour quelque chose dans cette étrange manifestation de la pudeur. Chez les Bédouines, alors que le visage se flétrit vite et vieillit rapidement, les formes restent parfois séduisantes.

Dans la première jeunesse, les Mauresques ont, contrairement aux citadines, une allure dégagée qui plaît. Leurs attaches sont fines, leurs mains fluettes. C'est un plaisir que de les voir courir avec une légèreté de gazelles. Mais les rudes travaux auxquels les maris les soumettent ne tardent pas à les alourdir. Pauvres femmes! Ce sont elles qui peinent aux champs, reviennent au gourbi en ployant sous des faix énormes de bois mort, vont chercher l'eau aux puits éloignés, pendant que les hommes gardent les troupeaux ou se reposent. Parfois même on voit de ces misérables créatures tirer la charrue en compagnie d'un mulet ou d'un chameau.

Quand les tribus changent de campement, les hommes se prélassent à cheval ou à dos de chameau pendant que leurs épouses suivent péniblement à pied portant avec les ouleds (tout petits) les lourds piquets des tentes et tous les ustensiles de ménage. Elles font aussi l'office de bêtes de somme qui coûtent cher et sont difficiles à remplacer.

A peine les murs de Sidi-Okba franchis, notre guide nous conduit chez un de ses amis, un marchand de dattes, où paraît-il, nous devons trouver la plus large hospitalité.

Dans cette modeste maison des régimes de dattes liés en bouquets sont accrochés sur tous les murs, ou pendent du plafond. Des rayons de lumière filtrent par d'étroites ouvertures, jouent sur les grappes transparentes.

Après nous avoir fait goûter aux fruits de choix, le marchand nous presse d'en accepter quelques branches. Alors, avec cette importance que les Orientaux attachent aux moindres choses, il emballe son présent, et c'est toute une affaire de trouver un papier assez grand et du fil assez fort.

L'hôte ne saurait, sans manquer gravement aux lois de la politesse, charger un visiteur d'un pareil fardeau. Il le confie à un gamin qui doit nous suivre partout dans Sidi-Okba avec les fruits mûrs dans les bras, et l'événement du jour, peut-être de la semaine, sera le passage des Français et le présent que les Roumis ont accepté de la générosité d'un Mahométan.

C'est toujours grâce à l'influence de notre guide, dont la réputation est grande dans les Zibans, que nous rencontrons partout un accueil favorable.

L'admirable porte en bois sculpté de la mosquée de Sidi-Okba nous est ouverte par le muezzin lui-même. Le prêtre a pris la peine de relever les nattes qui sont à l'entrée du temple afin de nous éviter l'ennui de nous déchausser ou de mettre des babouches par dessus nos bottines.

C'est l'heure de la prière, le muezzin nous engage à l'accompagner jusqu'en haut du minaret par un petit escalier de pierre tournant et sombre, offrant la main aux dames pour lesquelles il redoute la hauteur des marches. Il explique dans un mauvais français que par chacune des fenêtres percées régulièrement dans la tour carrée, il pousse cinq fois par jour des cris prolongés semblables à une plainte, pour rappeler aux croyants qu'ils doivent élever leurs mains et leur cœur vers le Très-Haut. Car « Allah est grand et Mahomet est son prophète ».

A la tombée du jour nous quittons Sidi-Okba pour rentrer à Biskra, voulant, dès le lendemain, gagner Tunis.

LE DERNIER LION DE LA PROVINCE DE CONSTANTINE

EN ROUTE POUR TUNIS

En quittant Biskra et en allant dans la direction d'Aïn-Afra, j'éprouve un véritable plaisir à la vue des premiers arbres à feuilles caduques qui bordent la voie, si rabougris et si ternes qu'ils soient.

Je comprends, en les admirant, combien à la longue, les espaces nus et arides que je viens de quitter m'impressionneraient péniblement.

Après avoir passé Duvivier, vers Aïn-Afra, la ligne traverse douze kilomètres de forêts de chênes zéens, de chênes lièges, remplies de fourrés épineux où les panthères aiment à chercher un refuge sûr et tranquille. Un couple de lions y vit également; par quelle étrange fantaisie est-il venu là ? Je l'ignore.

Les fauves ont disparu des provinces algériennes. Mais dans ces forêts restreintes, parfois le squelette d'un chameau, d'un mulet, voire même d'un mouton décèle la présence des carnassiers qui ne trouvent pas toujours assez de gibier dans les fourrés broussailleux pour apaiser leur formidable appétit.

Les lions, si affamés qu'ils soient, n'attaquent jamais l'homme lorsqu'ils ne sont pas blessés.

Les Arabes n'en redoutent pas moins les puissants carnassiers et, grâce à la terreur qu'il leur inspire, ce couple de grands fauves vit en paix dans la brousse, mieux protégés par cette crainte que les indigènes ont d'eux, que par la défense de les attaquer que fait aux chasseurs l'Anglo-Saxon auquel appartient une partie des bois que nous traversons et dont l'originalité tient à conserver ses hôtes redoutables dans ses propriétés.

Mais les jeunes lionceaux qui naissent chaque année sont impitoyablement massacrés par les Arabes dès qu'ils s'aventurent sur la lisière des bois.

Un capitaine envoyé en mission géodésique dans ces parages put constater de près la beauté, la majesté et aussi l'indifférence du lion à l'égard des hommes.

A la tombée d'un jour chaud de l'été, tandis que l'officier campait dans une clairière proche des fourrés servant de repaires au couple de grands fauves et prenait le frais à la porte de sa tente, il vit le lion s'avancer jusqu'au milieu du camp. Sans avoir l'air de soupçonner la présence d'un être humain il frôla presque les toiles du campement puis disparut dans la brousse, tandis que notre ami à peine revenu de sa surprise se demandait encore si oui ou non il rêvait.

TUNISIE

13 Décembre.

« *Salluste a écrit sur l'Afrique* : « *La mer y est dangereuse, les rivages ont peu de bons ports, la terre est fertile en céréales, favorable aux troupeaux, contraire aux arbres, la pluie et les sources étant rares, l'eau y manque.* »

Gaston Boissier rappelle dans son Afrique romaine cette description qui convient encore de nos jours au continent africain et à la Tunisie tout particulièrement.

MÉGRINE

13 Décembre.

Après avoir franchi les frontières tunisiennes, je commence, dès Ghardimaou, à ne plus songer aux beautés du paysage entrevu, inquiète des changements qu'on a fait subir à la capitale de la Régence. Les hasards de la vie m'ayant depuis plusieurs années empêchée d'y revenir, je suis inquiète à la pensée qu'en cherchant à l'embellir ont ait ôté à Tunis « la blanche » une partie de son charme et de sa séduction.

Des voyageurs que j'ai rencontrés en Algérie vantent trop les boulevards ombragés, la Poste somptueuse, les élégantes maisons modernes dont le nombre augmente tous les jours.

Hier encore les Européens seuls s'y logeaient ; mais aujourd'hui, nombre d'Israélites les envahissent. Ces preuves irrécusables de prospérité doivent réjouir les habitants, mais elles sont faites pour attrister le touriste épris d'art et de couleur locale.

On ne cesse de construire des villas du côté du Belvédère, ce jardin public entretenu avec tant de soins et des maisons ont été bâties du côté du Port sans que l'on se soit suffisamment préoccupé de la stabilité du sol. De là cette fameuse construction en ciment armé, déjà légendaire et dont l'attitude penchée rivalise avec celle de la Tour de Pise.

Disons-le, à l'éloge de ceux qui se sont efforcés d'embellir Tunis, on a détruit le moins possible et l'on a su moderniser la capitale de la Régence tout en respectant les anciens quartiers et les Souks.

MEGRINE

Notre maison est toute proche de Tunis; elle est fort simple avec son toit plat, formant terrasse, et ses cinq fenêtres de façade aux volets peints en vert... Mais sur le sol étranger ou plutôt en ce pays lointain (car la Tunisie peut être considérée aujourd'hui comme une terre française) le « home » a des attraits particuliers. Dans la maison ornée de tuiles vernissées, les murs sont peints en tons doux et variés. Les meubles de bois teinté sont, pour la plupart, de fabrication tunisienne. Sur des étagères finement découpées les poteries de Nabeül se dressent à côté d'étoffes orientales, de broderies, d'écharpes et de tapis de haute laine.

MEGRINE

UN COIN DU SALON

LA CHEMINÉE

Autour de l'habitation quelques palmiers étalent leurs parasols non loin d'un bassin d'eau claire et d'un gazon naissant. Des eucalyptus récréent le regard de leurs feuilles argentées, les mimosas, les amandiers, les orangers embaument. Les aloès bleus, parures naturelles de ce coin de terre, ajoutent à sa beauté. En dépit de leur air rébarbatif, je les préfère aux géraniums rouges qui poussent touffus, éclatants, aux cyclamens délicats qui se fanent avant qu'on ne les cueille, et même aux iris dont la tête altière est souvent courbée par le vent âpre de la mer ou le souffle violent, brûlant du siroco.

MEGRINE

LES GROTTES

L'ENTRÉE DES JARDINS — LE MARABOUT DE SIDI-MÉGRINE

Des plantes grasses fleurissent comme des étoiles d'or, cachant aux regards curieux l'entrée de grottes profondes où l'on peut, dans la chaude saison, trouver à toute heure l'ombre et la fraîcheur.

Une légende raconte qu'un énorme serpent, presque un monstre, y est caché, et qu'il étouffe en ses replis les imprudents osant s'aventurer du côté de son repaire.

Est-ce une réminiscence du Python de Salammbô, lequel disparût lors de la destruction de Carthage sans que « nul ne sût jamais ce qu'il était devenu ? » C'est possible. Aucune légende ne se perd chez les Arabes, la mémoire de ce peuple est éternelle.

Quelques indigènes sourient en narrant cette fable, mais la plupart en gardent une héréditaire épouvante et se hâtent de réciter leur prière lorsque le jeudi, à la tombée du jour, ils viennent en pèlerinage au Marabout de Sidi Mégrine, afin d'allumer le petit cierge en l'honneur du saint.

UN DES FUTS DE LA CAVE DE MÉGRINE

14 Décembre.

Mégrine! ce nom est doux comme une caresse, clair comme le chant de la cigale, attirant ainsi qu'un visage d'enfant.

Le charme de ce modeste coin de terre provient en partie de la variété de son panorama. De la vérandah de notre petite demeure où l'on est à l'abri des vents de mer, on admire Tunis projetant sa blancheur et se reflétant dans les eaux de ce lac, que traversent à toute heure des bandes d'oiseaux et des voiles.

Et sur les collines vertes, en face de nous, Carthage dominant le minaret pointu de la Goulette.

Quel bel effet produisent dans le lointain les mâtures des gros voiliers à l'ancre, se balançant au-dessus d'une ligne couleur d'émeraude que l'on croirait tracée pour marquer le commencement de la pleine mer!

Par constraste et comme fond de tableau, le Bou-Kornein et le R'sas se dressent, fantaisistes et grandioses; les flancs de ces monts recèlent : l'un, des sources d'eau chaude où les mala-

« LE R'SAS »
OU MONT DE PLOMB

LE « BOU-KORNEIN »
OU LA MONTAGNE DES EAUX CHAUDES

des en se plongeant espèrent recouvrer la santé, l'autre des mines de calamine en pleine exploitation.

Plus imposant encore se dresse le Zaghouan d'où s'écoule aujourd'hui, comme jadis, cette eau, bienfaisante et pure qui a servi à désaltérer toutes les races ayant conquis successivement cette province africaine.

Et quel va et vient de voyageurs anime la route de l'Extrême-

« ZAGHOUAN »

ENTRÉE DU NYMPHÉUM

VOYAGEURS AU « ZAGHOUAN »

Sud! Des tribus passent à la recherche d'un campement et des caravanes composées de longues files de chameaux dont la silhouette dégingandée se détache sous le ciel pur.

Nombre de passants montent par l'allée droite bordée de cactus de deux mètres de haut qui conduit au Fondouk de Mégrine.

Ils vont jusqu'au Douar dont les habitants s'abritent à mi-

MÉGRINE

LE PUITS

LES BESTIAUX A L'ABREUVOIR

CHEIK DES PUISATIERS

côte, dans les collines sablonneuses qui surplombent les terres avoisinant le lac.

Ils viennent parler à ceux de nos Arabes avec lesquels ils font affaire et, généralement, s'arrêtent pour se reposer près d'un puits réputé par l'abondance de son eau et qu'ombragent de beaux caroubiers.

Un maigre petit bœuf attelé à l'aide d'une corde, tire, avec une résignation passive, l'outre de peau de bouc qui s'emplit et se déverse d'elle-même dans une auge de pierre, où les Arabes font boire les bestiaux tandis que les Mauresques emplissent leurs amphores.

COMMENT ON EMPLIT LES ABREUVOIRS

L'ARRIVÉE D'UNE MARIÉE AU DOUAR DE MÉGRINE

PUITS DE MÉGRINE

UN TISSERAND

Dans les SOUKS de TUNIS

15 Décembre.

Tunis, aujourd'hui aussi bien que jadis, peut être considérée comme une des cités africaines les plus florissantes, et c'est une erreur profonde de croire que la plupart des produits tunisiens sont de fabrication européenne !

A peine a-t-on quitté la Marine et franchi la Porte de France, que l'on se trouve (en s'écartant des rues marchandes où s'alignent les échoppes arabes) en plein centre ouvrier.

Les indigènes travaillent sous vos yeux. Des tisserands assis devant les métiers primitifs s'aident autant des pieds que des mains pour tirer leurs fils.

Des confectionneurs de chéchias brossent soigneusement les feutres aux longs poils, au moyen d'un chardon, avant de les faire passer à la teinture.

Des menuisiers qui s'affairent à la confection de meubles en bois peint vous arrêtent pour vous faire admirer tables et étagères, généralement découpées avec élégance et des coffres massifs, décorés d'arabesques de bon goût.

Il faut regarder ces choses à distance sous peine d'être choqué par leur manque de fini.

La perfection dans le travail préoccupe peu les Orientaux : esprits subtils et bornés à la fois, ils ne visent qu'à l'effet. Et ces hommes d'une nonchalance notoire veulent, avant tout, par une contradiction étrange produire vite et beaucoup.

Il ne faut pas demander aux Arabes de recopier exactement un objet, de retisser une étoffe, de reproduire une nuance exacte : ils en sont incapables, et procèdent en tout par à peu près : Kif kif, cette expression que nous leur avons empruntée n'a pas, chez eux, la signification absolue que nous lui attribuons.

Le spectacle le plus pittoresque n'est pas dans la rue. Il condense tout son exotisme dans les souks (bazars à proprement parler). Sous leurs voûtes, des rayons de lumière filtrant çà et là font de grandes taches claires. Tout le long du jour on s'y promène, on s'agite sans souci du ruisseau gras qui court entre les dalles, jusqu'à l'heure où les portes sont fermées jalousement.

Dans les souks, les boutiques remplies de produits d'Orient sont alignées côte à côte comme des cellules d'abeilles dans une ruche. Au milieu, graves, recueillis, ressemblant à des figures de cire, se tiennent les marchands.

Ces hommes, presque tous beaux, ont des poses pleines de noblesse. Leurs vêtements aux nuances tendres, douces, se drapent sur eux en plis capricieux. La distinction qui les caractérise, tient en partie à la sobriété de leurs gestes.

De beaux types, des couleurs chatoyantes, flattent les regards. Le bazar est surtout animé le matin ; on y risque d'y être à tout instant bousculé, pressé, par des ânons chargés de mille objets, ou par des Arabes hurlant à tue-tête les prix des marchandises qui leur sont confiées.

La vente aux enchères excite beaucoup ces impassibles.

Les souks sont divisés par rues où se cantonne chaque corps de métier. Ici, des fabricants de babouches à pompons multicolores, chantent en coupant leur cuir rouge, vert, orange. Là, des tailleurs préparent les cachabias rayés, les djebas ou gandouras aux nuances tendres et douces, plient, mesurent des étoffes charmantes auxquelles le soleil donnera bientôt une extrême diversité de tons. Plus loin, se trouve le Souk-El-Bey (des bijou-

TUNIS

LES MARCHANDS ARABES
CHEZ LESQUELS NOUS ALLONS LE PLUS SOUVENT

DANS LES SOUKS DE TUNIS

tiers) dans les vitrines desquels on remarque des boîtes à jours pour renfermer les pastilles du sérail, de vieilles épingles d'argent mi-partie émaillées, et des flacons précieux destinés au kohl.

Dans le Souk-El-Attarin (des parfums) où l'eau de roses languit dans des tubes de cristal à fleurs d'or, je remarque un Arabe qui, du matin au soir, reste immobile, entouré de cierges destinés aux mosquées. L'homme au turban prie à voix basse,

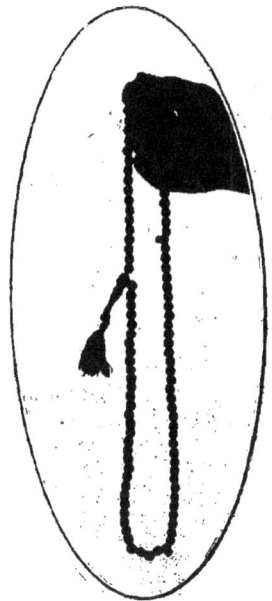

LE CHAPELET DE LA MECQUE

sans même remuer les lèvres, faisant rouler entre ses doigts pâles, les grains d'un chapelet. Si d'aventure un acheteur survient, le croyant daigne interrompre un instant ses prières afin de servir l'importun, mais il lui fait chèrement payer le prix de cette faveur.

Il y a des parfums précieux qui se vendent jusqu'à vingt-cinq francs la goutte. Pour les compter, le marchand humecte une ouate rose du précieux liquide qu'il laisse tomber pompeusement dans un minuscule flacon.

Le Souk des selliers est particulièrement attrayant avec ses boutiques ornées de cuirs multicolores. De riches selles, des brides pendent auprès de petits sacs en triangle destinés à renfermer les amulettes. De gros coussins ventrus s'étalent, ils se dégonflent à volonté pour servir de plateaux.

Entrez-vous dans une boutique, on vous offre le café.

Vous acceptez, et l'un des inutiles encombrant le bazar de son désœuvrement, de courir à l'angle d'un carrefour où le café bout et fume dans un vaste récipient, sous les yeux d'un vieillard qui fait de cette surveillance son unique profession.

C'est avec une mesure de bois ayant la forme d'une pipe, que le café est versé dans des tasses de poupées, tenant par un prodige d'équilibre en leurs coquetiers de métal ajouré.

Pendant que le breuvage refroidit, le marc se dépose au fond du fragile gobelet qui doit être porté sans secousse aux lèvres qui savent le déguster. Cette manière de boire surprend notre agitation parisienne mais convient à ce peuple aux gestes lents. On ne saurait conclure un marché sans le secours du liquide parfumé. Et lorsqu'on est d'accord, après bien des pourparlers, l'objet choisi vous est remis avec un joli mot arabe que nous

UN COURTIER PORTANT DES ROBES DE CHALIT QUE NOUS VENONS D'ACHETER

ne pouvons traduire que par une longue phrase : « Mabrouk » c'est-à-dire : « Que cette chose te porte bonheur! »

Je ne veux pas omettre de raconter ici la conquête que j'ai faite dans les souks, et sur laquelle on s'amuse souvent à me plaisanter.

Il s'agit d'un enfant natif de l'île de Djerbah, âgé d'une dizaine d'années, qui me suit partout pour empêcher, assure-t-il, les marchands d'exploiter mon inexpérience, en se plaisant à répéter : « Toi, Madame française, très bonne, toi mon amie. » Ne voyez aucune familiarité dans ce tutoiement, il est naturel à la race arabe qui l'emploie, à moins que de trop fréquentes rencontres avec les Européens l'en ait déshabituée.

Que cet enfant mérite ou non ma sympathie, qu'il s'attache à mes pas par reconnaissance des sous donnés ou simplement parce qu'il trouve un avantage à me servir d'interprète en petit homme qui s'entend déjà au commerce, qu'importe! je m'occupe peu des dires jaloux. Ali m'intéresse, avec sa vivacité d'expression, l'intelligence de sa physionomie, la manière ridicule dont il prononce le français et la tournure imagée de ses phrases.

Un soir, ayant appris par hasard qu'à Tunis j'avais perdu, ou qu'on m'avait volé un bracelet, il me chercha de tous côtés et m'ayant enfin trouvée :

« — Combient vaut-il ton anneau d'or, la dame ? vingt francs ? quarante ? soixante ? »

Et comme je souriais sans répondre.

« Cent francs! » dit-il avec un mélange d'incrédulité et de respect.

J'acquiesçai de la tête.

— Vingt francs, c'était pas beaucoup pour toi la Dame, mais cent!

Après un silence :

— S'il plaît à Dieu, tu le retrouveras, je regarderai, demanderai, mais.....

L'enfant eut un geste de doute.

Il ne plut pas au Dieu d'Ali, qu'il retrouvât mon bracelet.

Inutile d'ajouter que le petit homme était incapable, le cas échéant, d'en faire son profit.

D'aucuns prétendent que je me laisse influencer par la finesse captivante des gens de l'Islam.

Certes, j'accorde aux Arabes de race une noblesse native, une haute allure, mais je reconnais qu'ils sont trop facilement dominés par leurs passions. Le même homme, capable d'un dévouement absolu, ne recule pas devant le crime pour satisfaire une vengeance.

Un meurtrier se croit un héros. Mais comment ne pas admirer la sagacité de ces hommes primitifs qui observent si attentivement ceux qui leur parlent, qu'un regard, un geste leur suffisent pour les deviner.

Puis, ils ne sont pas vulgaires, laissant ce défaut aux civilisés, pas familiers non plus, la familiarité à Tunis est le partage des Israélites dont l'obséquiosité dégénère vite en obsession si on ne les tient à distance.

Ces Juifs en vestes à fleurs soutachées servent de courtiers. Intelligents et actifs ce sont des auxiliaires indispensables aux Arabes, car ils comprennent qu'il ne faut pas exploiter l'étranger plus que de raison sous peine de le voir s'éloigner sans rien acheter. L'Arabe, lui, ne se fait aucune idée du prix qu'il peut demander d'une chose aux roumis; il parlera aussi bien de dix francs que de dix louis pour le même objet, suivant l'heure et son caprice.

Plus exaspérante mille fois que la cupidité arabe est l'indolence orientale qui gêne et irrite l'activité européenne.

L'Arabe pressé d'agir répond uniformément : « Tout de suite ! » Mais on ne peut attendre sa décision des heures durant, et quand il parle d'une affaire à conclure pour le lendemain sa solution demande souvent des jours entiers quand ce n'est pas un mois où même une année !

LE CIMETIÈRE ARABE

PROMENADE à TUNIS

16 Décembre.

Aujourd'hui le lac étincelle, les flamants roses qui se jouent sur les eaux paraissent blancs ; dans les champs tout est verdure et fleurs !

Les narcisses embaument et l'alouette chante en montant droit vers le ciel.

Allant en ville, je croise bêtes et gens qui marchent devant eux sans se déranger jamais, avec ce dédain pour les fatigues inutiles qu'affichent tous les fervents de l'Islam : arabas ou charrettes siciliennes aux brancards bariolés, petits ânes africains dont les jambes flageolent sous le poids de leur cavalier et de ses bagages.

Les riches seigneurs portent des burnous de drap fin, de couleur claire, et sont coiffés de turbans de mousseline lamée d'or. Sans hâte, corrects comme il sied à des gens de qualité, avant de franchir la porte Elcoua, ils ont jeté négligemment un coup d'œil vers les haies de cactus faisant face au cimetière arabe, ces buissons épineux destinés à servir de cabinets de toilette aux naturels du pays.

Mais voici d'autres voyageurs de marque sur des mules qui vont l'amble et d'intrépides cavaliers montant des chevaux dont, suivant la coutume, la queue et la crinière sont rouges de henné.

Un croyant venu de loin pour laver son linge à la fontaine située « à l'intérieur des murs » drape de son mieux sa nudité dans son manteau brun aux soutaches blanches.

Un autre sèche sa chemise sur son maigre corps en présentant alternativement au soleil, de face et de profil, sa pauvre silhouette.

Un troisième déroule son turban et montre une tête chauve où le rasoir n'a respecté que la mèche de Mahomet, sans laquelle il lui serait bien difficile d'entrer en Paradis, — car les anges ne sauraient par où le saisir.

Ces choses naïves s'étalent au grand jour aux yeux des passants qui n'en paraissent ni choqués ni surpris.

TUNIS

LE MARCHAND DE POTERIE DE NABEUL

Mœurs primitives des temps anciens, simplicité n'étonnant que les Européens...

A la porte Eleoua commence la rue Sidi Ben Béchir; à toute heure, elle est peuplée d'Arabes se chauffant au soleil comme des lézards, ou dormant sur les bancs recouverts de nattes des cafés indigènes, les yeux mi-clos, tandis que des marchands de poteries de Nabeul, des ancêtres à la figure parcheminée, accroupis sur le sol, étalent devant eux des plats vernissés, des gargoulettes, des amphores de formes variées et toujours gracieuses pour tenter les passants.

Quel plaisir de flâner du côté du marché au bois et au charbon, où l'on fait agenouiller les chameaux, pour les décharger des fardeaux retenus sur leurs flancs maigres par ces grands filets que remplaceront des paillassons en guise de couverture!

AU MARCHÉ FRANÇAIS : PIMENTS ROUGES ET VERTS.

Néanmoins on éprouve quelque désillusion : ces chameaux porteurs sont aux méharis ce que le cheval de trait est au pur sang.

Au Fondouk El R'allas (marché français) les ouleds vous guettent. Rangés en file-indienne ou groupés autour des entrées principales, ils se disputent l'aubaine de porter dans leurs corbeilles d'alfa, vos paquets pour deux caroubes.

— 222 —

On vend de tout sous les arcades : gibier, volaille, boucherie, fleurs et fruits.

Chapelets d'oignons, grappes de piments rouges et verts, sont entassés jusqu'au pied de la halle aux poissons où se marchan-

TUNIS

UN OULED

UN CRIEUR
DES FEUILLES LOCALES
« LE PROTECTORAT »
« LA TUNISIE FRANÇAISE »
« LA DÉPÊCHE »

dent les dorades de Bizerte et des crevettes presque aussi grosses que ces petites langoustes appelées demoiselles de Caen.

L'enchevêtrement silencieux des rues du quartier arabe, vous repose de tout ce bruit. Après mille détours, quel plaisir de se trouver en face de l'ancien palais de Mustapha Kzernadar.

Sur une petite place s'épanouit un dattier à la tête éplorée cherchant la lumière. L'a-t-on planté ? Le vent a-t-il apporté sa semence ?... Peu importe ; on en prend soin et pour le préserver de tout accident, on l'a entouré d'un mur bas sur lequel sont assis deux Arabes en gandouras claires. Il n'en faut pas davantage pour composer un tableau.

Près de là passe un enfant indigène, les pieds nus, très amusant sous le capuchon orné de pompons multicolores de sa cachabia (1).

L'ENFANT A LA CACHABIA

Du petit Arabe, on n'aperçoit que deux grands yeux noirs, une rangée de dents blanches et une menotte brune, dont le bout des doigts est teint au henné.

Il traîne un énorme couffa à demi éventré duquel sort des oranges. Il s'arrête pour me regarder et me sourire, je lui souris à mon tour, il s'en va lentement, retournant vers moi ses jolis yeux rieurs et son minois affable.

Les enfants sont charmants, pleins de vie, de grâce, de beauté : en grandissant ils deviennent des hommes impassibles! Les garçons sont en rose, les filles en bleu. Après tout c'est peut-être le contraire, il se peut que je confonde la couleur qu'il a plu

---

(1) Cachabia, sorte de chemise rustique, importée du Maroc, rappelant la limousine, imperméable comme elle, que l'on met à cru sur la peau.

aux Orientaux d'adopter pour le foulard ou l'écharpe servant à parer leur progéniture, cette marmaille, aux gestes empreints de grâce féline, qui s'ébat dans les villes comme dans les champs, à peine vêtue de quelques loques sordides, portant boucles d'oreilles, colliers et bracelets d'argent.

Quand on demande à un Arabe : Combien d'enfants as-tu ? Il vous répond : Trois ! quatre ! cinq !

Par là il entend ses fils. Des filles il ne parlera jamais, pas plus que de ses femmes.

UNE BROCHETTE ORIGINALE

LES HAREMS

TUNIS

FEMMES DE QUALITÉ EN PROMENADE AVEC LEUR SUIVANTE

LES HAREMS A TUNIS

17 Décembre.

Les Européens ne s'accoutument que difficilement à la démarche des musulmanes. On les croirait perchées sur des échasses, tant leur buste paraît court et leurs jambes longues. Et cette impression est encore accentuée par le pantalon bouffant et disgracieux se rétrécissant aux genoux et se terminant en un tricot serré qui tient lieu de chaussettes.

Suivant les heures auxquelles sortent les femmes on peut reconnaître facilement à quelle classe elles appartiennent. Le matin on ne croise guère à travers la ville que des servantes le visage dissimulé par un filet noir à mailles fines. De loin, on les prendrait pour des négresses.

Dans l'après-midi, les petites bourgeoises ont la permission d'aller faire quelques emplettes et des visites.

Mais les femmes riches ne sortent à pied qu'une fois par semaine après le coucher du soleil. Et encore, pour ces promenades nocturnes, les oblige-t-on à se couvrir la tête d'un grand foulard d'étamine noire à bordures jaune et rouge qui tombe plus bas que la ceinture. En tenant éloigné du visage, ce voile, dont l'œil le plus exercé ne saurait percer l'épaisseur, elles ont la compensation de voir sans être vues.

Le déplacement d'un harem est une affaire très compliquée. Les femmes ne sont autorisées à monter dans les berlines tendues de popeline claire, qu'à la condition d'emmener leurs servantes avec elles et, surcroît de précaution, près du cocher monte un gardien vigilant.

Parfois, au croisement d'un carrefour, dans l'arrêt forcé de la circulation, une main soulève le rideau de soie qui voile la glace de la portière, un œil noir se montre, puis l'étoffe retombe et la vision s'évanouit.

A Tunis, les harems ayant conservé quelque caractère appartiennent à ceux qui ne remplissent aucune fonction publique.

Les personnages importants affichent leurs sympathies pour la civilisation européenne en réduisant le nombre de leurs femmes et parfois en n'en gardant qu'une seule. Question peut-être aussi d'économie! car à Tunis les femmes sont une marchandise qu'il faut bel et bien payer en douros. Le cours en est variable. Dernièrement il a monté au grand déplaisir des musulmans.

La femme d'Orient vit sous une tutelle perpétuelle; le chef de famille vient-il à disparaître, son fils aîné le remplace et parfois ne se montre que plus jaloux de son autorité!

UN PATIO

Si l'aspect extérieur des maisons arabes varie parfois, en revanche la distribution ne change guère : des escaliers de marbre ou des marches en carreaux de faïence y donnent accès.

Les pièces toujours sombres prennent jour sur une cour carrée appelée Patio, pavée le plus souvent de mosaïques, d'où l'on aperçoit le ciel, soit à l'air libre, soit au travers d'un vitrage.

Pour traverser le « Patio », les femmes chaussent des sandales de bois à hauts talons que maintiennent sur le pied d'étroites lanières de cuir, mais elles ôtent même leurs babouches pour marcher sur les tapis des chambres.

Dans les appartements règne une demi-obscurité ; les habitants les éclairent économiquement avec des bougies de cire jaune, semblables à des rats de cave, qu'on tient roulées dans la main.

Les salons de réception plus longs que larges sont garnis de sofas qui ne servent guère. Les femmes se plaisent assises par terre, autour d'un plateau chargé de friandises et, l'hiver, se tiennent près des braseros recouverts de cerceaux de bois, sur lesquels sèche le linge des jeunes enfants.

Le mobilier des chambres à coucher est plus que sommaire ; il consiste en un lit qu'on escalade à l'aide d'un canapé placé au pied. Il a bien fallu offrir ce secours à l'indolence orientale.

Une glace est suspendue au-dessus d'un coffre qui sert à renfermer les parures. Des burnous dont on s'enveloppe pour dormir, pendent à des clous ; la coutume est de se coucher habillé. Les lits n'ont pas de couvertures et sont composés d'un épais matelas et d'innombrables oreillers recouverts d'une toile fine garnie de dentelles.

Mais, revenons aux femmes de harem : elles ne reçoivent aucune instruction, ce qui ne les empêche pas d'attribuer au kohl dont elles se noircissent les yeux, le pouvoir magique de donner la faculté de lire les textes les plus embrouillés. Et lorsqu'une visiteuse européenne consent à se laisser, à l'aide de la lame d'un poignard, aviver les paupières de la merveilleuse substance, la favorite lui présentant un livre composé en arabe lui dit d'un air pompeux et convaincu à la fois : « A présent, tu peux lire ! »

Dans le laisser-aller de leurs demeures, les recluses vivent en culottes blanches et vestes de satin. Elles portent six ou sept casaques les unes par dessus les autres, les premières sont les plus somptueuses, très raides, couvertes de broderies d'or et d'argent et coûtent jusqu'à cinq ou six cents francs pièce.

Quant à la coiffure, elle rappelle celle des châtelaines du

moyen âge : le cône très riche orné du carré de soie affecte des airs de hennins; il ne se met guère que pour sortir. Dans l'intimité de la maison un foulard de soie le remplace.

Poussée par le désir de m'initier complètement aux mœurs des Orientaux, piquée au jeu par les difficultés qu'il faut surmonter pour pénétrer dans leurs maisons jalousement gardées, je profite de toutes les occasions qui me sont offertes (grâce à nos relations d'affaires avec les Arabes) pour étudier sur le vif les harems tunisiens, lesquels ont été moins souvent décrits que ceux d'Egypte ou de Turquie...

UNE RUE DU QUARTIER ARABE

UNE VISITE CHEZ MOHAMED

18 Décembre.

« Si ces dames voulaient venir chez moi, je suis marié... » nous a dit un Arabe que nous connaissons de longue date et que nous prenions pour un célibataire. C'est aujourd'hui que Mohamed nous attend à Tunis pour nous conduire dans sa maison. La femme de Mohamed est brune, grassouillette, de physionomie expressive; elle s'empresse d'accourir à notre rencontre, et, comme son époux nous la présente, elle nous adresse nombre « d'Aslems » et de « Salamalecs », en faisant des révérences et de grands mouvements de bras.

Nous l'imitons, ce qui a le don d'exciter son hilarité, et la puérile créature commence à gazouiller éperdûment. Puis se voyant incomprise elle s'arrête soudain, crispe ses poings et frappe du pied, telle une fringante cavale : l'impatience me paraît être son moindre défaut.

En notre honneur, toutes les femmes de la maison sont réunies dans le Patio. Elles s'approchent. Elles touchent nos mains, nos vêtements et bientôt je constate que par des jeux de physionomie, des mimiques expressives, on s'entend à merveille avec ces créatures qui ne comprennent pas mieux notre langue que nous la leur.

Avec quelle étonnante facilité les plus simples d'entre elles parviennent à se faire comprendre de nous ! Elles veulent savoir le nombre de nos enfants, le pays d'où nous venons, nos occupations, nos plaisirs. Les femmes déclarent que nous nous ressemblons beaucoup mon amie et moi, s'étonnent que nous ne soyons pas sœurs, nous trouvent kif kif (toutes pareilles) et veulent connaître nos petits noms pour les répéter alors en les dénaturant de leur voix gutturale, puis elles se mettent à rire aux éclats. On est très gai dans les harems, cette gaîté nous gagne, la joie générale s'en accroît.

Il paraît qu'en arabe un de nos noms veut dire « petit canard », ceci nous sera expliqué plus tard par le mari d'Aïssa.

Pour le moment, il faut s'asseoir sur les tapis, les jambes croisées, lever nos voiles : le tulle le plus léger gardé sur le visage paraîtrait une offense.

On nous supplie d'ôter nos chapeaux qui, de suite, vont être essayés.

Nous obéissons, nous prêtant de bonne grâce aux caprices les plus enfantins. Tout est prétexte à des étonnements naïfs : les gants, les souliers, et, surtout, une petite zibeline à la tête empaillée que je porte à mon cou.

Ce boa, d'un genre nouveau ici, excite l'admiration générale, la bête est caressée puis traînée à terre, on joue à la faire courir...

Lassée la première de cet amusement, l'épouse de Mohamed ordonne d'apporter des confitures de limon. Nous en prenons, et les femmes qui se serviront après nous, ne mettront dans leur bouche, par un comble d'affabilité, que nos cuillers à nous.

La jeune maîtresse du logis, laissant ses suivantes satisfaire leur gourmandise, se lève pour me montrer le luxe de son appartement privé.

Un petit bureau d'acajou tient la place d'honneur. Le reste du mobilier est du même bois.

Je comprends cette recherche et par signes j'exprime mon admiration.

Pour m'en récompenser Aïssa m'emmène à l'étage supérieur où se trouvent les chambres de réception qui ont pour tout mobilier des armoires à glace.

Je compte jusqu'à huit de ces meubles encombrants, en citronnier, en ébène, en merisier, rangés côte à côte.

Mon hôtesse voyant son image reflétée par toutes ces glaces donne un libre cours à sa coquetterie. Elle arrange sa coiffure, prend des poses, puis se fait des grimaces.

Transportée de vanité, elle se met à danser une sarabande effrénée puis, prenant ma main, elle court avec moi, vers l'escalier aux marches droites et hautes, et sans perdre ses babouches descend, remonte, pour redescendre encore. Jeu insensé à se rompre cent fois le cou et qui, pourtant, m'amuse autant qu'elle.

Au pied de l'escalier, Mohamed très grave n'ose gronder, me voyant rire.

Comme je le complimente sur la beauté, la jeunesse et la fougue de son épouse, il me répond en bon français avec un mélange de tendresse et de fierté : « Oui, c'est une diablesse! »

La diablesse tout le long du jour babille, s'habille, se pare de ses bijoux, se parfume à l'essence de jasmin et mange des confitures de cédrat en attendant le vendredi, jour où elle pourra avec ses suivantes aller grignoter, suivant la coutume, quelques friandises recherchées sur les tombes des morts qui lui sont chers ou faire un pèlerinage à une mosquée proche de la ville.

UN CHANTEUR ARABE RENCONTRÉ SUR UNE PLACE PUBLIQUE
EN ALLANT DANS UN HAREM

20 Décembre.

Pour changer c'est chez un élégant qui se pique d'être un adepte fervent des innovations modernes que nous nous rendons aujourd'hui. Le jeune homme, sans aucun doute, a fait guetter notre arrivée et avance au devant de nous jusqu'au seuil extérieur de sa maison, boutonnant encore la redingote noire qu'il vient de passer par dessus son pantalon rouge. Il est coiffé de ce fez que les Orientaux touchent parfois de la main sans l'ôter jamais et qui semble inhérent à leur personne au point que l'on serait porté à se demander s'ils ne sont pas nés coiffés.

A la boutonnière de l'Oriental pend une carte ronde dont il cherche à faire parade. Nous n'avons pas l'air d'y attacher d'importance, alors notre hôte jette négligemment le carton sur une table devant laquelle nous devons passer, espérant qu'il frappera nos regards et je lis : Courses de Tunis, tribune d'honneur — avec une date périmée.

Sans me laisser aller au malicieux plaisir de quelque épigramme à l'adresse du maître de céans, je lui fais un compliment sur sa connaissance de notre langue, qu'il parle à merveille, et j'apprends qu'il a passé « *un mois et un jour* » en France pendant l'Exposition. « C'est beaucoup de temps, ajoute-t-il, pour apprendre le français. »

Le jeune seigneur se complaît à parler de notre cher pays, affirme qu'il connaît Marseille et Lyon, préfère la seconde ville à la première à laquelle il reproche son mistral. « On n'y voit que des bateaux », déclare-t-il dédaigneusement... Mais avec quel enthousiasme il parle de Paris « si vivante avec ses beaux magasins et ses grands monuments, le Bois de Boulogne, les théâtres, tout enfin ! »

Pendant cette énumération, l'Arabe nous conduit au salon de réception : grande et belle salle, haute de plafond ressemblant à une galerie par ses vastes proportions.

Presque à l'entrée, assise à terre, les jambes croisées sous elle, une grasse personne salue de la tête à notre apparition. Elle brode un châlit à larges raies roses et blanches avec des fils d'or et d'argent, aidée par une servante qui travaille à l'envers du métier.

La maîtresse en titre du logis a revêtu une somptueuse toilette qui ne corrige pas la dureté de son visage. Des sourcils en peau de taupe, larges d'un doigt, sont collés sur le front pour obéir à la mode actuelle. Elle nous regarde d'un air maussade et ne daigne pas interrompre son travail. Sans insister auprès de cette hostilité sourde, nous répondons à une voix qui nous appelle tout au fond de la salle. C'est la vieille *Mama* ; c'est elle-même qui nous l'apprend en nous montrant, avec orgueil, son fils : l'homme au fez.

A la bonne heure ! Ce visage de petite vieille, semé de mille rides rayonne de bienveillance comme son Aslem.

Elle est heureuse la « mama » de se chauffer les mains sur un réchaud où quelques braises viennent d'être ravivées par deux créatures informes, repoussantes aux faces racornies de négresses occupées à rouler pour l'affiner, du macaroni entre leurs doigts !

« Il faut toujours du feu, malgré l'été, pour entretenir un peu de chaleur dans les membres engourdis de la mère », explique le fils respectueux avec lequel nous montons sur le toit de la maison afin d'admirer le panorama de la ville. De là, les maisons semblent toutes petites, et l'on croirait dominer une nécropole tant le silence est profond. C'est qu'à cette heure chaude de l'après-midi, les Orientaux restent enfermés chez eux et font la sieste.

Ce calme est un repos, un charme, non une tristesse. D'ailleurs le bleu du ciel, l'éclat de la lumière, les fleurs qui s'épanouissent dans les champs suffisent à parer la plus humble terrasse, le moindre pan de muraille.

Dans cet intérieur oriental modernisé, les femmes pourraient prendre l'air au balcon, et si le désir leur en venait, elles n'auraient qu'à ouvrir la porte pour se trouver dans la rue. Mais elles n'y songent guère, la crainte du scandale étant plus forte que le désir de la liberté.

Où sont donc les gardiens des harems ? Je n'en rencontre jamais dans aucune demeure. On me répond qu'on les éloigne avec soin lorsqu'on attend une étrangère, car leur présence témoignerait une méfiance injurieuse.

Ce n'est que par aventure, à la Marsa, que j'ai entrevu un de ces types bizarres, curieux et passif, insolent et obséquieux à la fois.

Chez un
POTENTAT TUNISIEN

21 Décembre.

La cage est plus belle que l'oiseau, dit-on parfois. Un palais peut être plus intéressant que son propriétaire ; telle nous paraît la demeure située dans une des rues les plus abandonnées du quartier arabe. A l'intérieur du Palais, les plafonds de bois des salles de réception, peints par des Espagnols, sont anciens et beaux à la fois.

Un lit, relégué dans une pièce inhabitée peint en vert et surchargé de dorures est vraiment remarquable ; sur son fronton deux paons, également dorés, font la roue.

Une quantité de miroirs garnissent les murs ! Placés trop haut pour qu'on puisse s'y regarder, ils servent uniquement d'ornements ainsi que des étagères encombrées de verres d'eau et de fleurs artificielles sous globes.

Notre hôte, gras, asthmatique, souffrant du genou, ne peut se lever pour nous souhaiter la bienvenue.

Il nous prie d'accepter ses excuses par l'entremise de son plus jeune fils, car il ne sait pas un mot de français et ce fils, doit, à la place de son père, nous faire les honneurs de la maison. Que désirons-nous visiter d'abord ? me demande-t-on. Les femmes. Cela paraît étonner grandement le vieillard, mais la politesse orientale ne doit rien refuser à des invités de ce qui est permis et possible. On nous conduit auprès des recluses, reléguées à l'écart dans un coin du palais. Un drap usé les sépare de la vie commune. Les femmes n'ont pas osé venir à notre rencontre, tant elles paraissent redouter la sévérité de leur Seigneur et maître. Elles sont vieilles et laides ; leur despote nonchalant et blasé a négligé de rajeunir son harem.

Le fils aîné (lequel habite sous le même toit que son père, suivant l'antique usage) a l'épaule démise. Nous allons lui faire une visite dans ses appartements. Le blessé assis par terre sur un tapis, le dos appuyé contre une pile de coussins, écoute une lecture que lui fait un lettré de ses amis. Celui-ci doit avoir des yeux de lynx, car l'obscurité la plus profonde règne dans la pièce afin d'y entretenir la fraîcheur indispensable au bien-être du malade. A notre entrée il ébauche un froid salut. Ignore-t-il le français comme son père, ou la fièvre qui le dévore est-elle cause de son abattement ? Notre cicérone paraît troublé du peu d'aménité de son aîné et ne sachant plus qu'inventer pour nous intéresser offre de nous conduire près de sa belle-sœur et de sa femme. Comme nous nous étonnons que vu sa jeunesse d'adolescent il soit déjà marié, très fier il s'écrie : « Mais, j'ai un fils! »

Les jeunes femmes ne s'attendaient pas à notre visite ; elles ne sont point parées en notre honneur. Nous les surprenons en déshabillé du matin, ce qui ne les empêche pas d'être extrêmement jolies. Chez toutes deux l'ovale du visage est parfait, les grands yeux scintillent comme des diamants noirs, et le petit nez, légèrement aquilin, dont les narines fines et bien découpées palpitent, ajoute au piquant de leur physionomie. Une légère gaucherie dans leurs gestes est, pour elles, une grâce de plus.

A peine osent-elles offrir le café ! Nous refusons, heureuses d'échapper aux confitures parfumées, aux bonbons à l'anis et aux invraisemblables friandises que les pauvres cloîtrées, pour ne pas manquer aux lois de l'hospitalité, vous mettent parfois de force dans la bouche.

Pauvres femmes! Elles sont les prisonnières des us et coutumes plutôt que celles de l'amour. L'amour a des ailes et ne saurait rester privé de jour et d'air, captif entre des murs étroits.

UNE RUE A TUNIS

22 Décembre.

C'est encore un harem à la nouvelle mode qui s'ouvre pour nous cet après-midi.

Il est situé dans une des rues les plus fréquentées et les plus claires du quartier arabe et c'est avec la meilleure grâce du monde que nous y sommes reçues par une jeune fille de dix-huit ans, habillée à la mode française, portant des mitaines, ayant une frange sur le front et une natte dans le dos.

Elle est très vaine des détails de sa toilette qui vient en droite ligne des magasins du Louvre (dernier cri de l'élégance pour une musulmane). Evidemment la coquetterie est ici le principal souci des femmes.

Le premier soin de notre hôtesse est de nous questionner sur la provenance de nos robes, de nos chapeaux; elle veut absolument connaître l'adresse de notre bottier et pour nous éblouir affirme que son frère ne s'habille qu'à l'européenne et qu'elle n'épousera qu'un homme lui ressemblant « portant redingote ».

Le choix, ou je me trompe fort, m'en paraît déjà fait.

Le frère aîné, personnage riche et important possède un jardin d'orangers à la Manouba; il s'est fait photographier malgré la défense du Coran et sa photographie s'étale à la place d'honneur dans un cadre.

Comme beaucoup de jeunes lettrés il a su ingénieusement contourner les préceptes saints, affirmant que la défense de reproduire une image animée ne peut s'appliquer à un art inconnu du prophète, qui diffère, après tout, de la peinture et de la broderie !...

A côté de l'aimable enfant pour laquelle notre visite est une joie, se tient silencieusement une femme d'un âge mûr. C'est la mère encore inconsolable de la mort de son mari, quoique déjà l'événement remonte à bon nombre d'années. A combien de lunes ? Elle seule les a comptées. Chez les Orientaux le temps ne se mesure que par des faits importants.

Un Arabe ignore son âge et celui de ses proches, il dira volontiers pour rappeler un acte dont il a gardé le souvenir : « Ceci s'est passé lors de la naissance de mon cheval favori! » ou bien : « L'hiver où il a neigé j'ai marié mon fils ! »

La richesse du costume de la Tunisienne ravive, chez nous, le désir de nous parer comme les femmes du harem. Des habilleuses se proposent pour nous aider et nous coiffer. Elles partagent avec soin nos cheveux en bandeaux, puis crachent dans leurs mains et nous les passent complaisamment sur le front afin de venir à bout des frisons les plus rebelles!

Réunir les sourcils par un trait de pinceau, noircir les yeux de kohl afin que le regard soit plus brillant, constituent les rites sacrés de la toilette, mais il nous faut à tout prix refuser de nous laisser teindre les ongles avec la poudre de henné; cette teinture étant indélébile et ne disparaissant qu'à mesure que l'ongle croît.

Pendant le temps que nous revêtons les costumes de nos hôtesses celles-ci essaient les nôtres et leur joie est immense de minauder dans les atours de dames européennes. Mais la jolie fille qui nous a reçues ce matin se trouve aussi bien habillée que nous et la vieille mère n'aurait gardé de toucher à un seul objet porté par les femmes des Roumis. Son silence est un blâme éloquent du plaisir que prend son enfant à causer avec nous. Cela, mon Dieu ! elle le tolère encore sans trop d'amertume ; mais, ainsi que nous l'explique la jeune fille, la mère murmure toute la journée contre les leçons de piano et l'intrusion dans la maison d'une institutrice qui, sous prétexte de science, apporte des livres qui peuplent l'imagination. Elle condamne ces essais de culture intellectuelle dont il ne résulte rien de bon. Les enfants perdent le respect qu'ils doivent à leurs parents et regrettent leur claustration forcée. Elle a peut-être raison la vieille Tunisienne! puisque nous constatons au moment des adieux que les yeux de la petite Arabe victime des préjugés de sa race s'emplissent de larmes. Son regard se mouille et son sourire s'éteint.

Pour nous retenir un moment encore, avec une lenteur qui donne à ses paroles un charme de plus, elle nous dépeint sa vie.

UN PROFESSEUR DE LANGUE ARABE

Quelle monotonie, quelle tristesse ! Plier sous le joug d'une véritable tyrannie, ne rien voir le jour, ne sortir que la nuit, ayant à peine le droit de contempler les étoiles, craindre de perpétuelles accusations, des dénonciations subalternes, le moindre regard de côté risquant d'être mal interprété. N'est-ce pas une existence intolérable ? Combien paraît enviable, à la prisonnière, l'indépendance avec laquelle les Français vont et viennent à leur guise : « La terre doit être si belle et les oiseaux volent si loin ! »

Un homme de confiance se tient à notre disposition. Il doit reconduire les visiteuses qu'il a amenées de crainte qu'elles ne s'égarent dans les rues, dans ces rues du quartier arabe qui se ressemblent toutes, se croisent, s'entrecroisent, et parfois sont sans issue. Derrière les écrans ajourés, on devine des femmes désireuses d'un peu de lumière, d'un rayon de soleil, avides d'entendre un pas, d'apercevoir un visage.

LES CURIEUSES
JUIVES SUR LEURS TERRASSES

UNE NOCE JUIVE

23 Décembre.

A Tunis on ne manque jamais d'offrir aux étrangers le plaisir et la distraction d'une noce juive.

D'ordinaire, quand le temps paraît favorable, la fête nuptiale se passe dans la cour de la maison où habite l'épousée. Sur les toits voisins se perche la population du quartier avide du spectacle. Les mariés, entourés des membres de leur famille, président la table d'honneur et il faut voir l'air important du mari. C'est celui d'un homme qui se sent en représentation, joue un rôle et en a conscience.

La fête est tout intime. Aucun protocole ne la règle. Les invités entrent et sortent comme ils veulent. Les étrangers amenés par les Israélites sont bien accueillis à condition de payer les musiciens et quels musiciens ! Ils jouent sans prendre une

TUNIS

DEUX JUIFS

minute de repos. En écoutant leur musique infernale on craint de devenir fou furieux. Lorsqu'on a bu dans un verre à liqueur une eau trouble, parfumée de menthe, et qu'on a sucé une olive amère en dissimulant une grimace on n'a plus qu'une pensée : celle de se retirer, mais on vous retient bon gré mal gré, car l'usage veut que les dames assistent au moins une fois à la toilette de la mariée dans ses appartements privés. Le moment arrivé on voit la jeune femme quitter la place qu'elle occupe à table auprès de son époux pour suivre les habilleuses. La toilette du reste est bientôt faite. Elle consiste à remplacer la première casaque que la mariée porte par-dessus plusieurs autres et à changer de bijoux. Après quoi, l'héroïne de la fête revient s'asseoir près de son mari, pas pour longtemps d'ailleurs. Cette singulière cérémonie se renouvelle tous les quarts d'heure au grand plaisir des amies de la jeune fille qui se pressent en riant autour d'elle. Les invités ont, naturellement, revêtu ce jour-là leurs plus riches atours : guêtres et bonnets d'or, tandis que la mariée, elle, porte les guêtres et le bonnet en drap d'argent.

Le jour de leur noce, les filles d'Israël se parent successivement de tous les présents dûs à la munificence de celui qui va bientôt être leur époux. C'est une manière d'exposer la corbeille, laquelle a été offerte dans de petits coffrets de nacre ou d'argent ciselé.

Dois-je décrire les atours du couple particulièrement fortuné auquel nous avons apporté nos souhaits de bonheur ?

L'époux avait une veste de soie lilas mourant, couverte de broderies d'or et s'enveloppait dans un haïck très fin en soie blanche. Il fumait, d'un air de suffisance, des cigarettes qu'il prenait dans un plateau d'argent, avec une pince d'or dont l'anneau était passé à son doigt en guise de bague.

La mariée, à notre entrée, était vêtue de soie bleu ciel, pantalon, vestes et chaussettes assortis, le tout rehaussé de riches broderies. Trois petits bouquets de narcisses sauvages posés, non sans grâce, entre les bandeaux noirs et le cône argenté, embaumaient son front.

La jeune femme ne tarda guère à échanger cette parure contre un costume rose de Bengale plus riche encore et qui, au dire des connaisseurs, valait plusieurs milliers de francs. Puis les narcisses de ses cheveux furent remplacées par des macarons de diamants. Avec des lenteurs calculées et les cris d'une admiration de commande, les habilleuses sortirent de leurs écrins des bracelets, des chaînes d'or, de nombreuses bagues dont elles couvrirent tous les doigts de la jeune femme (sans en excepter le pouce) jusqu'à la première phalange.

En femme de bon ton, celle-ci sans témoigner aucune lassitude et sans y mettre la main, se laissa vêtir, coiffer, peindre, parer.

Sur le visage de l'épousée au front bas et trop étroit pour y loger une pensée, je cherchais en vain, durant ce temps, à démêler une impression de bonheur ou d'inquiétude, de plaisir ou de regret ; il n'y avait même pas trace d'embarras.

Le profil, que j'étudiais, exprimait le contentement passif, la vanité satisfaite d'une petite fille qui se sent riche, admirée et surtout enviée.

Qu'attendre de plus d'une enfant élevée dans l'isolement, à l'ombre d'un oranger, qui n'a pour tout horizon qu'un mur blanc et pour unique distraction une gerboise enfermée dans une cage aux yeux moins étonnés que ceux de sa maîtresse ?

Quant au marié, que sa compagne soit présente ou non, il

resté silencieux, engourdi peut-être par les grains d'encens qui brûlent sous la table.

La religion de toutes les races d'Orient est pleine de superstitions et ces parfums doivent conjurer le mauvais sort.

Le rite israélite prescrit également, dans le même but, une autre cérémonie. Le grand rabbin trempe ses mains dans le sang encore chaud d'un bœuf tué en signe de réjouissance et applique sur les murs, nouvellement blanchis à la chaux, leur sanglante empreinte.

Les familles pauvres se contentent de sacrifier un veau, un mouton, voire même un poulet. Mais il faut toujours du sang répandu pour qu'une fête soit réussie.

Les Juives jouissent, dans la Régence, d'une vie plus libre que les femmes mahométanes. Avec une fillette pour toute compagnie, elles peuvent sortir quand bon leur semble, monter dans les tramways et faire leurs achats dans les magasins français en traînant leurs babouches presque aussi invraisemblables de petitesse que les chaussures qui emprisonnent le pied difforme des Chinoises.

DEUX JUIVES EN PROMENADE

Ces femmes valent leur pesant d'or : plus elles sont grasses plus elles sont belles !

Le vendredi, une loi encore respectée à Tunis interdit aux Israélites de toucher au feu dès que se montre au ciel la première étoile, jusqu'à l'heure où, le samedi soir, se renouvelle l'apparition.

Allumer ou éteindre une lumière constituent également, pour les plus zélés, des actes prohibés. Aussi prépare-t-on à l'avance les repas pour vingt-quatre heures et des Européens, serviteurs ou amis, s'occupent de monter et de baisser les lampes aussi bien que les becs de gaz des demeures modernisées.

Certains respectent encore la tradition qui interdit de manger la chair du porc et les membres de devant d'un animal.

Les plus scrupuleux s'abstiennent de monter en voiture le jour du Sabbat et à l'aube de la Pâque on peut les voir avec leur famille se rendre au bord d'un lac pour y faire dévotement leurs prières au lever du jour et saluer l'espoir toujours vivace de la venue du Messie !

JOUR DE NOEL

25 Décembre.

Dès le matin, le thermomètre exposé au Nord a marqué dix-huit degrés.

Pour la Noël, les nombreux Siciliens que les colons emploient dans leurs exploitations de préférence aux indigènes, les trouvant meilleurs travailleurs, demandent tous un congé et se rendent à la ville où ils festoient plusieurs jours durant. On les reconnaît à leur chapeau marron, au grand foulard noué autour de leur cou.

Près d'eux vont leurs femmes, tête nue, ayant posé, comme Fanchon, un mouchoir clair sur leurs cheveux frisés.

En vérité, ce mois ensoleillé est charmant, à part quelques rares journées où le vent a soufflé terrible, affolant, ce vent de mer qui arrête presque les animaux dans leur course, balance les voitures, effraie les gens et fait sombrer les navires.

Et je me promène au jardin sans manteau, en chapeau de paille, cueillant quelques-uns des soucis orangés, émaillant l'émeraude de l'herbe, cependant que de Paris m'arrivent, comme souvenirs de Christmas, des images avec des branches de gui et de houx, parlant de frimas. « Il neige ! » m'écrit-on. Pauvres Parisiens qui grelottez au coin de votre feu, je vous plains, en égoïste, en ouvrant mon ombrelle.

Les ENVIRONS
de TUNIS

LES CITERNES

CARTHAGE

26 Décembre.

« Et le peuple sur les murs regardait s'en aller la fortune de Carthage ».

« SALAMMBO » (FLAUBERT).

De Carthage, née du caprice de l'aventureuse Didon, illustrée par Annibal, idéalisée par Salammbô, il ne reste aujourd'hui que des vestiges incapables de donner une idée de ses splendeurs passées.

Les citernes romaines plus résistantes aux attaques du temps, viennent d'être restaurées et seules leurs proportions gigantesques évoquent le souvenir et la grandeur des conceptions architecturales qui furent celles de ces conquérants fameux.

Sur la colline de Byrsa s'élève aujourd'hui le couvent des Pères Blancs.

CARTHAGE

LA CHAPELLE SAINT-LOUIS

Dans leur enclos, des iris violets aux frêles et souples pétales, aux tons admirables, s'épanouissent comme des fleurs de deuil, au pied d'une humble chapelle.

Ce modeste édifice fut construit par Louis-Philippe en mémoire du royal croisé qui trouva la mort en débarquant sur ces rives inhospitalières.

Le cardinal Lavigerie pour mieux glorifier le pieux souverain, fit élever, grâce aux dons envoyés de tous les pays, la basilique de style arabe que l'on admire aujourd'hui sur l'emplacement même de la vieille citadelle.

Non loin de là, des fouilles opérées depuis plusieurs années ont mis à jour des sépultures carthaginoises. Les chambres sépulcrales presque intactes, sont fermées par des blocs de pierre d'un jaune d'ocre et d'un grain particuliers.

Les plus récentes trouvailles sont de magnifiques tombeaux de pierre que décorent des images peintes. Ils ont été transpor-

TOMBEAU CARTHAGINOIS

tés au musée des Pères blancs. Sur l'un d'eux on admire une femme aux ailes de colombe, dont le nom reste ignoré et qui vous retient sous le charme de son sourire énigmatique.

Les fouilles du Père Delattre ont permis d'établir, d'une façon presque certaine, l'emplacement du camp des Croisés. On a trouvé des pièces à l'effigie de saint Louis, des bagues de prix, gravées, en grande partie, au nom des chevaliers français, à côté de nombreux ossements, de crânes qui s'effritaient à l'air : « Poussière, tu n'es que poussière ! »

En passant à nos doigts les anneaux d'or des héros de la foi, nous songeons avec mélancolie aux preux venus en ce pays l'épée à la main pour combattre la puissance du croissant. Que diraient-ils s'ils voyaient leurs descendants vivre en paix avec les infidèles, et, pacifiques, leur faire tracer des sillons là où le sang des croisés coula jadis !...

Auprès du musée des Pères blancs, se trouvent plusieurs corps de bâtiments occupés par les religieux et par les Dames blanches de Carthage.

Toutes ces âmes chrétiennes gardent le culte glorieux du passé, et leur foi s'affermit, plus sereine et plus fière, dans la haute leçon de philosophie qui s'en dégage. En l'espace de quelques siècles, quel contraste entre la brillante cité d'autrefois et les pâles ruines qui demeurent ! Est-ce donc là cette ville brillante, qui fut le théâtre de tant de rivalités, depuis le moment où les Phéniciens la fondèrent et la nommèrent Karthad-Hadtha ou ville neuve, jusqu'au jour où s'éteignit sa splendeur ?

A quelles fins sont donc voués les chevaleresques élans, les luttes héroïques, les plus éclatantes victoires ?

Que reste-t-il aujourd'hui des fantastiques efforts de ces guerriers dont les exploits firent l'admiration du monde ?

Les enseignements du destin établissent le néant des vanités humaines.

Illusion donc la prépondérance éternelle d'un peuple sur un autre, puérilité d'ensevelir profondément les morts pour que nul ne vienne troubler leur dernier sommeil.

Conçues par l'orgueil, les constructions dont la magnificence devait braver les siècles étaient maudites à l'avance ayant coûté trop de larmes et de mortels efforts.

Quelques fûts de colonnes brisées, des mosaïques éventrées, des marbres chavirés, des inscriptions à demi-effacées parlent seuls des différents peuples qui les édifièrent.

Quel sera le sort des monuments chrétiens qui se dressent aujourd'hui sur la colline de l'antique Byrsa ?

Œuvre de piété leur construction a paru du moins ouvrir une ère de prospérité et d'apaisement et lors de la consécration générale de la cathédrale de Carthage en 1890, on vit autour des prêtres qui bénissaient, se presser des gens de toutes couleurs, de nationalités diverses et de religions différentes. On remarquait la confusion des langages, des types et des costumes mais il y avait entente cordiale des cœurs et joie générale des esprits.

A l'instar des indigènes, les Pères blancs portent leur barbe, sont vêtus d'une robe de laine blanche et d'un manteau qui rappelle le burnous.

Ils sont coiffés d'une chéchia et suspendent à leur cou un chapelet aux grains de bois rappelant étrangement ceux de la Mecque.

Ils continuent l'œuvre de civilisation entreprise par Monseigneur Lavigerie et vivent à Carthage entourés de respect. Il faut avouer cependant que les conversions dues à leur zèle sont rares en Tunisie et presque toujours éphémères. Il arrive, le plus souvent, qu'un enfant baptisé et élevé dans la foi, est, à l'âge d'homme, repris par l'islamisme.

Mais, du moins, la courageuse persévérance de ces esprits pratiques et conciliants a contribué pour une large part à notre pénétration pacifique en Afrique.

LES PÈRES BLANCS

En Tunisie, le gouvernement français a su adopter un système de protectorat efficace.

La conquête de l'Algérie, suivie de trop nombreuses révoltes, a servi de leçon et la France a compris qu'il était utile de laisser régner le Bey sous l'égide des conquérants.

Le suzerain réside paisible dans son palais; il juge, à Tunis, ses sujets, et la monnaie continue d'être frappée à l'effigie beylicale.

Le croyant semble avoir oublié que le paradis de Mahomet est promis à celui qui tue un roumi et considère ce dernier comme un allié bienfaisant.

Au « pays des palmes » les Français sont réputés hommes de grande probité, et les cheiks, au besoin, n'hésitent pas à leur prêter main forte pour défendre leurs propriétés contre les pillards, les vils maraudeurs et les « ramasseurs d'olives », graves épithètes équivalant à « détrousseurs de grands chemins », gens redoutés de leurs coreligionnaires autant que des chrétiens.

A l'époque où l'on cueille les olives, une population de noma-

LA CUEILLETTE DES OLIVES

des sans feu ni lieu, n'ayant pour tout abri qu'un lambeau de couverture, pour tout bien qu'un âne et un chien, se répand dans les plaines cultivées du Tell, venant faire des offres de service que le fatalisme et l'inconséquence arabes, acceptent à chaque saison.

Les familles tant soit peu aisées, ne consentent jamais à la cueillette de leurs olives, pas plus qu'elles ne se mettent en quête de gens leur offrant les garanties désirables pour la faire. Au petit bonheur, on passe un marché avec les premiers qui se présentent et pourvu que le rendement de la récolte soit moyen, les propriétaires se déclarent satisfaits.

UTIQUE

2 Janvier.

Utique est à 35 kilomètres de Tunis. On y accède par la route de Bizerte, après avoir franchi la Medjerda sur un pont romain d'architecture imposante.

Les caprices de Medjerda sont tour à tour bienfaisants et néfastes suivant les temps où les inondations ont lieu.

Une maison de construction récente, gracieusement décorée dans le goût du premier Empire abrite des colons épris de ce sol, qui, pour se délasser de leurs travaux agricoles, se livrent à des fouilles dont l'intérêt va toujours croissant.

Ils ont la satisfaction d'arracher à la terre quelques-unes des richesses qu'elle voudrait garder profondément enfouies dans son sein plus jalousement qu'un avare.

Des débris de mosaïques, des fûts de colonnes, des chapiteaux magnifiques, de nombreuses pierres tombales confirment qu'Utique, cette sœur aînée de Carthage, était une ville noble et fastueuse dont la splendeur s'éteignit trop vite hélas! pour laisser place à la ruine et à la désolation.

L'ESCALIER DES LIONS AU BARDO

LE BARDO

L'antique coutume tunisienne, encore aujourd'hui respectée, veut qu'un Palais Beylical soit abandonné tout de suite après la mort du Souverain en l'honneur duquel il a été construit. Jamais son successeur ne l'habite de crainte que la maison du défunt ne lui porte malheur.

Et ces palais qu'on n'entretient plus tombent en ruines. Il y en a beaucoup aux environs de Tunis. Leurs persiennes closes, leurs portes disjointes, leurs murailles lézardées dont les pierres s'écaillent comme rongées par une lèpre, attristent le regard.

Ces demeures, jadis somptueuses, deviennent trop vite des nids à scorpions. Un chevrier et son troupeau viennent parfois y chercher un abri momentané.

Dans les parterres où l'on cultivait les roses et les géraniums destinés à la fabrication des essences, les mauvaises herbes croissent au hasard. Les feuilles tombées s'amoncellent, sans qu'aucune âme en prenne souci. Les citronniers seuls triomphent parmi cette désolation et prodiguent aux brises solliciteuses la richesse de leurs parfums.

Par exception, le Bardo a été transformé en Musée après que l'on eût abattu une partie des bâtiments dont la vétusté consti-

INTÉRIEUR DU PALAIS ALAOUI
ANCIENNES BOISERIES ET PLAFOND DE STUC

tuait un danger. On a donné le nom d'Alaoui à des salles charmantes dont les plafonds de stuc, fouillés, ajourés comme de la dentelle retiennent les regards. Là, le Bey défunt avait fait installer dans le harem des portes tournantes en bois précieux pour fermer les chambres de ses femmes. Les jours de pluie, quand Sa Seigneurie s'ennuyait, Elle faisait, grâce au concours de ces portes mobiles, une partie de cache-cache avec la favorite du moment.

Nous visitons le Musée Alaoui où nous admirons de fort belles mosaïques trouvées en Tunisie.

LES MOSAIQUES ET LES TROIS STATUES LES PLUS APPRÉCIÉES
DU MUSÉE ALAOUI

Parmi les statues, trois déesses particulièrement séduisantes d'harmonie et de grâce. Elles sont dues au ciseau d'un statuaire grec.

Le Palais de Ksar-Saïd, où fut signé en mai 1883 le traité entre le Bey Sadok et la France, est tout près du Musée Alaouï.

A mi-chemin, entre cette demeure et le Bardo, se trouve la place du gibet, car on pend encore les Arabes condamnés à mort

UNE DES COURS INTÉRIEURES DU MUSÉE ALAOUI

par la justice beylicale, et la population indigène aussi bien qu'européenne, très friande de ce spectacle assiste en masse à chaque exécution.

L'histoire fantastique de l'une de ces pendaisons nous est contée à l'endroit même où elle eut lieu et le récit y gagna une saveur particulière.

Un bandit condamné pour la bagatelle de trois ou quatre assassinats subit sa peine selon le cérémonial ordinaire.

Après que la foule eut suffisamment contemplé le corps du supplicié que le vent balançait au gibet, on descendit le cadavre et l'on constata le décès avant de procéder à l'inhumation.

Puis les fossoyeurs s'emparèrent de la lamentable dépouille et se mirent en devoir de l'enterrer, mais quelle ne fut pas leur stupéfaction et leur effroi en voyant le pseudo-pendu se dresser tout à coup et proférer ces mots d'une voix caverneuse : « Je ne suis pas mort ! » Pris de peur, les hommes s'enfuirent, le ressuscité en profita pour faire de même. Vite revenus de leur stupeur, les funèbres ouvriers se mirent à la poursuite du fugitif, qui bientôt rejoint fut réintégré en prison.

Qu'allait décider la justice en face de ce cas singulier et imprévu ? Procéder à une nouvelle exécution ? Mais ce condamné avait bel et bien subi sa peine et le jugement ne portait pas qu'il serait pendu deux fois. Cependant il était dangereux de rendre à la liberté un criminel aussi redoutable que celui-là.

Après de longues et violentes discussions, les juges se décidèrent enfin (sans croire offenser Mahomet) à envoyer le bandit finir ses jours au bagne de la Goulette.

Des esprits scientifiques cherchèrent longtemps à comprendre pourquoi la strangulation n'avait pas accompli son œuvre et comment la dislocation de la colonne vertébrale n'avait pas, à défaut de l'asphyxie, occasionné la mort.

Ils crurent trouver l'explication du phénomène dans cette particularité que le faux exécuté était un ancien plongeur, pêcheur d'éponges, habitué à emmagasiner une grande quantité d'air afin de pouvoir rester longtemps sous l'eau. L'homme avait dû retenir sa respiration au moment où il avait été précipité dans le vide, et cette ingénieuse précaution lui avait sans nul doute sauvé la vie !

« Cætera desiderantur ! » A défaut d'une version plus rationnelle nous dûmes, comme tout le monde, nous contenter de celle-là.

TUNIS

UN CAFÉ INDIGÈNE DE RADÈS. — LES JOUEURS D'ÉCHECS
OMBRE ET SOLEIL

HAIE DES FIGUIERS D'INDE

RADÈS

La petite ville de Radès a su demeurer essentiellement arabe, laissant avec indifférence les Européens fonder à ses pieds la station balnéaire de Maxula.

C'est le propre du caractère oriental de se cloîtrer dans ses us et coutumes et de côtoyer, chaque jour, la civilisation sans presque lui rien emprunter.

Radès est la ville de plaisir des riches Tunisiens : pendant les mois des plus fortes chaleurs ils aiment à venir s'y reposer de leurs affaires. Des haies de cactus protègent bien la bourgade contre des regards indiscrets, et abritent des chemins sablonneux.

Dans la tranquillité des champs, les femmes jouissent tout naturellement d'une plus grande liberté qu'en ville. Elles en profitent pour errer avec des airs d'apparitions sous l'azur du ciel.

A la tombée de ce jour un peu triste et froid, de janvier, le hasard nous permit d'approcher une promeneuse de qualité que sa berline attendait au détour d'une ruelle étroite conduisant à un jardin.

La belle était sans doute venue passer l'après-midi à sa maison de campagne et pour donner le change s'était habillée comme une de ses servantes. Mais malgré le haïch grossier de ce blanc bleuté que donne aux étoffes le lavage primitif des campagnes, en dépit aussi du sombre filet jeté sur le visage, l'élégance de sa démarche trahissait la citadine aisée.

A notre aspect, la jeune femme paraît vouloir prendre la fuite mais, consciente de l'effet qu'elle produit et poussée par la coquetterie plutôt que par la curiosité, elle revient sur ses pas, laissant à dessein s'entr'ouvrir ses voiles. Nous apercevons le bas d'un pantalon bouffant, serré à la mode algérienne au-dessus d'une cheville très fine et d'un pied mignon que chausse une babouche bleue.

Se retourner, nous jeter un regard profond qui ressemble à une invite, tandis que de sa main élégante, la belle soulève le loquet d'une porte, c'est bien là le défi moqueur dont ces créatures puériles et charmantes aiment à leurrer l'indiscret!

Nul doute que celle-ci ne soit Algérienne. Sa sveltesse, sa distinction naturelle l'indiquent mieux que certaines recherches de toilette. Les Tunisiennes qui font venir leurs modes d'Alger ne sauront jamais les porter avec cette élégance.

Les yeux charmés de cette vision et parlant encore d'elle, nous traversons la place de Radès; le cheik nous aperçoit et nous oblige à nous asseoir près de lui à la porte du café où il s'intéressait à une partie d'échecs.

Sur sa demande nous l'accompagnons chez lui.

Aux champs on est moins sévère qu'à la ville et le cheik tient à nous présenter sa femme.

Cette belle créature débordante de santé et de sourires est prévenue en toute hâte de l'honneur de notre visite. Elle a fait une rapide toilette et paraît dans tout l'éclat de ses vêtements de soie, luxe très rare à la campagne, et qu'elle nous montre avec complaisance. Puis elle tâte l'étoffe de nos robes. Hélas ! ce n'est que du drap fin ! Allons-nous perdre notre prestige ?

Dissimulant sa déception dans un éclat de rire, notre hôtesse tire une portière de cretonne blanche que décorent des signes du Koran et nous fait entrer dans l'unique pièce qui lui sert de salon, de chambre à coucher et de salle à manger.

Aucune porte n'en défend l'entrée; la tenture suffit, et nul visiteur, à moins d'y être engagé par le mari, n'oserait en franchir le seuil.

A cette visite de courtoisie en succède une autre toute de commisération. Il s'agit d'aller voir un riche Arabe qui s'est blessé en tombant d'un amandier.

Le palais qu'il habite est grand, mais tombe de vétusté, la cour est envahie par des herbes hautes.

A l'ombre d'un pan de muraille une femme prépare pour le malade un repas qu'elle croit excellent; elle pile énergiquement avec du gros sel des piments verts et rouges, en se servant d'un pilon malpropre.

Nous voudrions empêcher la Bédouine d'achever cette préparation. La sotte créature hausse les sourcils en signe d'indifférence ou de mépris et murmure : « Si c'est la volonté de Dieu! »

Le malade est tout habillé sur un lit; il gémit, mais s'étonne des soins qu'on lui propose.

Panser sa plaie ! étendre la jambe meurtrie ! Est-ce bien utile ?

On souffre, on se terre comme un animal blessé, et l'on reste infirme si Allah le veut! Les guérisseurs appelés d'ailleurs en dernier ressort, ne sont guère plus éclairés que ceux qui les consultent; ils appliquent des simples sur les membres démis ou cassés. Après cela comment s'étonner de rencontrer tant d'estropiés en Afrique.

TYPE DE BEAUTÉ BÉDOUINE

Dans un DOUAR à MÉGRINE

15 Janvier.

Le douar d'Embarock se trouve à l'extrémité de nos terres. Son chef, un Kabyle blond, aux yeux bleus, aux moustaches pendantes est venu nous attendre pour nous conduire sous les tentes.

Les chiens sont attachés, car ils n'obéissent à personne, et, du plus loin qu'ils nous sentent, tirent sur leurs chaînes à les briser, aboient et montrent des dents aiguës de chacal.

Les bestiaux viennent de rentrer aux gourbis, les habitants sont réunis sous leurs toits de branchages, peu de familles étant assez fortunées pour posséder des tentes.

Les femmes se sont parées de leur mieux par égard pour nous ; leur visage et leurs mains sont d'une propreté extrême ; nous en remarquons plusieurs aux traits fins, aux yeux câlins. Leur peau, d'un brun chaud, rappelle la couleur de la terre sur laquelle elles peinent chaque jour.

DOUAR DE MÉGRINE

ENFANTS ARABES

UNE MAURESQUE
AVEC SON DERNIER NÉ

UN TOUT PETIT

Des étoiles et des petites croix bleues sont tatouées sur leurs visages. Une jeune fille très coquette a jeté sur sa tête une couverture rouge et blanche qui lui sied à ravir. Elle le sait

MÉGRINE

FEMME
PORTANT DU BLÉ
A VANNER

LES GOURBIS DU DOUAR D'EMBAROCK

et minaude à sa façon, qui n'a rien de la miévrerie de nos élégantes.

D'autres, que nous entrevoyons à peine, à demi-cachées qu'elles sont sous leurs voiles, agitent leurs tignasses noires qui retombent en boucles innombrables sur un front bas.

Quand elles écartent leurs foutas on aperçoit les poitrines presque nues, ornées de colliers où pendent de nombreuses breloques, brins de corail, verroteries, autant de fétiches et d'amulettes. De lourdes et larges boucles d'oreilles pendent jusqu'à leur cou. Bras et jambes sont cerclés d'anneaux d'argent massif. Ces bijoux sont, pour la plupart, des souvenirs de famille.

Chaque gourbi réclame une visite particulière.

Dans le premier, deux petits ânes occupent la meilleure place, de préférence à leurs maîtresses.

Dans le second, une poupée emmaillotée s'agite en vagissant sur le sol. C'est un enfant nouveau-né, diminutif d'un bébé européen, si frêle, qu'on croirait à peine qu'il peut vivre. Il paraît qu'à leur naissance ils sont toujours ainsi, mais le mioche deviendra sans doute un grand et bel homme.

A côté de l'enfant, un veau est couché. On allume une lampe fumeuse qui pend au plafond dont la hauteur atteint à peine un mètre. Sur le sol battu, d'un côté, sont empilées les provisions de la semaine : sacs de maïs, olives, amphores, peaux de bouc, remplies d'huile, et, de l'autre, un lit formé d'une simple planche de bois surélevée et recouverte d'une mince couverture.

La femme d'Embarock, le chef du douar, m'offre, en signe de bienvenue, une tasse de lait puisé dans un vase de métal, lavé avec affectation sous mes yeux.

UN ARABE EMBAROCK   UN ENFANT DU DOUAR

— 280 —

DOUAR DE MEGRINE

UNE BÉDOUINE
ET SES ENFANTS
UN JOUR DE SIROCO

TYPE DE LAIDEUR BÉDOUINE

En me retirant je dois emporter un couple de jeunes coqs et nombre de ces fleurs sans beauté mais au parfum délicat qui foisonnent dans les champs en cette saison. Comme je tiens à la main une de ces plantes rustiques on s'empresse autour de moi pour m'en apporter d'autres. En remerciement je distribue quelque menue monnaie aux enfants qui me crient : Baslem! (bonscir).

L'ANCIEN PALAIS D'AHMED-BEY HABITÉ PAR UN EUROPÉEN

LA MOHAMMÉDIA

20 Janvier.

La demeure Beylicale de la Mohammédia, due à une fantaisie d'Ahmed-Bey, n'est plus à présent qu'un grand palais en ruines que, par caprice, un Européen a voulu habiter. Ces murs encore imposants dominent une ville aux trois quarts détruite, et sur ces pierres amoncelées plane la mélancolie inhérente aux grandeurs passées.

Ce fut au retour d'un voyage à Versailles, sous Louis-Philippe, qu'il plût au Bey-Ahmed de construire ce palais, à douze kilomètres de la capitale, sur un point élevé où l'air était particulièrement vivifiant et le panorama d'une grande étendue.

En guise de soleil, on mit sur le toit comme emblème de la vanité habituelle aux souverains orientaux un immense miroir.

L'effet des rayons solaires sur cette glace devait être d'une prodigieuse beauté.

Dans sa demeure le Bey Ahmed, surnommé le Bey soldat, à l'abri du bruit et du tumulte de la cité contemplait avec orgueil à ses pieds les imposantes casernes qui renfermaient sa puissante artillerie et pouvait élaborer, à son gré, les projets grandioses qui devaient, dans son pays, le faire l'égal du grand roi !

Après la mort d'Ahmed Bey, suivant la coutume, le palais fut livré au pillage et la ville entière abandonnée ne tarda guère à prendre l'aspect lamentable des choses trop hâtivement conçues.

Une population peu recommandable niche à présent, telle des

UN ARABE

hirondelles, parmi les pans de murailles qui abritèrent les riches seigneurs des temps passés.

La plupart des habitants de la Mohammédia ont un aspect farouche. Ils gardent, pour des desseins suspects, un fusil caché derrière les fagots de branches d'oliviers, volontiers ils chercheraient querelle aux passants pour avoir le plaisir de se servir de leur arme.

Nul ne peut se vanter d'être leur ami; on préfère ne traiter aucune affaire avec eux. Ils élèvent leurs veaux et les gardent dans des cours abandonnées où l'herbe pousse.

Allant et venant à leur guise ils vivent sans argent pour ainsi dire, puisqu'ils ne font presque jamais d'échanges ni de commerce avec leurs voisins.

La marmaille, qui grouille dans ces repaires de bandits regarde les étrangers sans trop d'hostilité.

On voit parfois de jeunes visages qui sourient dans l'ogive d'une fenêtre, une main accrochée à la balustrade de fer forgé d'un balcon.

Les plus hardis de ces bambins se perchent comme des singes dans les hautes branches d'arbres fabuleux nommés Bel-Ombra, lesquels mesurent deux ou trois mètres de circonférence; d'autres s'enhardissent jusqu'au bord de la grande route très

AQUEDUC DU « ZAGHOUAN »

fréquentée et tendent la main pour recevoir l'argent de ceux auxquels leurs parents ont jeté l'anathème.

Néanmoins, comme partout, les mœurs s'adoucissent peu à peu; un café maure, à la Mohammédia sert indistinctement de fondouk aux voyageurs, et les curieux qu'attirent les ruines historiques, peuvent s'y reposer un moment. Volontiers on cherche du regard l'antique Tabaria quand on descend sur la vallée de l'Oued-Miliane. On admire là de près les magnifiques arcades de l'aqueduc du Zaghouan, dont les piliers qui atteignent parfois vingt ou vingt-cinq mètres de hauteur s'élancent majestueux vers le ciel pareils à des points d'interrogation.

DES CHAMELIERS SUR LA ROUTE DE LA MOHAMMÉDIA

SIDI-FETHALLA

Sidi Fethalla située sur la route du Mornag est un lieu de pèlerinage où viennent prier les femmes mahométanes dont Allah n'a pas béni l'union.

LA PIERRE MIRACULEUSE DE SIDI FETHALLA

Elles gravissent la colline où se trouve la pierre miraculeuse qui féconde, puis se laissent glisser sur le ventre au bas de la roche, polie comme un marbre grâce aux fréquents usages que l'on en fait. La légende (mais les légendes sont parfois menteuses) ajoute qu'un grand nègre se tient tapi au pied du rocher pour recevoir les dévotes dans ses bras.

Un fait avéré est que les femmes s'en retournent toujours joyeuses, et que généralement leur ferveur reçoit sa récompense.

LE TOMBEAU DE LELLA-MANOUBA

LA MOSQUÉE DE DJEBEL-DJELLOUD

Le TOMBEAU de LELLA-MANOUBA

Près de la Zaouia de Sidi-Ben-Hassen, située sur la colline du Djebel Djelloud, se trouve la tombe de Lella Manouba.

Le vendredi, de préférence, après avoir été se lamenter au cimetière les femmes aiment à se rendre à cette mosquée et ne se lassent pas de commenter l'histoire de la Sainte.

Lella Manouba, enfant rêveuse, douée de toutes les beautés, se promit dès son jeune âge de n'appartenir à aucun homme.

Mais ses parents, appréciant à leur juste valeur tous les attraits de leur fille, résolurent de ne tenir aucun compte de ses préférences et dès que le temps en fut venu, ils fiancèrent ou plutôt vendirent la tendre fleur, à un homme de bonne naissance, pas trop âgé — dont la belle situation avait tenté leur cupidité.

Les fêtes du mariage furent splendides, l'heureux époux ne trouvant rien d'assez fastueux pour sa jeune moitié.

Mais le soir, lorsque le mari voulut user de ses droits, la chaste enfant, fidèle à son vœu, repoussa ses avances.

Supplications et menaces ne purent avoir raison de sa douce obstination.

Une semaine se passa de la sorte. Chaque matin Lella Manouba priait Allah de lui venir en aide. On n'élève jamais en vain une prière vers le ciel. Et le mari de Lella Manouba fut changé en femme.

Le malheureux se crut d'abord le jouet d'une hallucination, puis il se déclara victime d'un sortilège. Il dut se résigner et supplier son épouse d'intercéder pour lui auprès du Dieu des Croyants. Lella Manouba se mit en prières. Inspirée par le souffle du prophète, la jeune femme déclara à celui qui n'était son mari que de nom que, pour recouvrer sa forme première, il devrait à jamais renoncer à elle.

Après avoir supplié et pleuré, le pauvre homme finit par consentir au sacrifice qu'Allah lui demandait par l'intermédiaire de sa femme et la fervente Lella Manouba libre enfin put consacrer ses jours à la piété et au soulagement des pauvres...

Elle mourut dans un âge avancé, ayant donné l'exemple des plus belles vertus et entourée de la vénération de ses coreligionnaires.

En dépit de cette légende les parents continuent à exercer dans toute leur rigueur leurs droits sur leurs enfants. Le mariage chez les Arabes est une affaire que les deux parties cherchent à conclure le plus avantageusement possible et qui, comme tout marché, donne lieu à de longs pourparlers.

En général, l'homme ne connaît pas sa fiancée; il l'épouse sans l'avoir jamais vue et s'en rapporte aux dires de quelque femme de sa famille qui a mission de se renseigner sur les charmes et les biens de l'épousée.

Quand on n'achète pas sa femme, argent comptant, on l'acquiert en échange de marchandises. Le mari a le droit d'exiger de sa compagne de nombreux services, mais il lui doit en retour aide, entretien et protection.

Le mari lésé ou la femme battue plus que de raison peuvent l'un et l'autre recourir au divorce. Mais c'est toute une affaire, d'autant qu'en reprenant la fille la famille doit remettre au mari le prix de la dot!

De là, des complications sans fin, de nombreux procès qui font des Arabes d'excellents plaideurs.

DANS LE SUD

LE LANDAU QUI NOUS CONDUIT A KAIROUAN

KAIROUAN par l'ENFIDA

2 Février.

Le temps, superbe ces jours derniers, est morose aujourd'hui. Il fait froid. Pourtant les chemins sont beaux, les oueds à sec, ce sont des conditions excellentes pour entreprendre par terre l'expédition de Kairouan. Nous passerons par l'Enfida où nous avons l'intention de nous arrêter.

En dépit d'une petite pluie fine nous montons quand même en landau découvert ; il est sept heures du matin.

Pendant les premiers kilomètres nous ne rencontrons pas âme qui vive. Des grues de Carthage, aux soyeux manteaux gris, font gravement sentinelle au bord de la route.

Jamais nous n'en avions vu de si près, nous admirons la sveltesse et l'élégance de ces grands échassiers en nous étonnant que, sans s'effrayer, ils nous regardent passer.

Voici Grombalia et son caravansérail. Des arcades en enfilade lui donnent un aspect monastique d'un curieux effet. De l'herbe, quelques arbres, une source claire en constituent les seules dépendances.

La route que nous suivons est plate, relativement bien entretenue. Nous allons d'une bonne allure et nous arrivons à l'Enfida assez tôt pour visiter, le soir même, les caves immenses de la Société Franco-Africaine.

De l'Enfida et jusqu'à Kairouan nous suivons le lendemain une piste sablonneuse, mais facile. Nos quatre chevaux de front tirent allègrement la voiture, excités par la voix et le fouet du cocher Ahmed, dont la figure s'épanouit sous l'énorme gland d'un fez qui lui retombe sur les yeux. Il ne pleut pas mais le ciel est pâle et ces plaines, dont la végétation est à peu près bannie, sont d'une tristesse impressionnante.

Dans l'immensité, à perte de vue, quelques lacs salés miroitent lorsqu'un rayon de soleil parvient à trouer les nuages. En ligne des bandes de chameaux paissent l'herbe maigre ou ruminent. Ce sont des troupeaux d'élevage : il y en a de toutes les tailles. Quelques-uns viennent de naître et essayent de se tenir debout, à côté de leur mère. Leur corps soyeux au poil frisé est parfois blanc comme celui d'un agneau. Ils sont infiniment comiques, haut perchés sur des jambes grêles qui flageolent, tandis que leur tête qu'ils laissent tomber au bout d'un cou démesuré et trop mince se balance continuellement ainsi qu'une balle de plomb au bout d'un fil.

Un groupe de femmes venant chercher de l'eau potable à un puits renommé nous occupe. Les pauvres emplissent consciencieusement leurs outres de peaux de chèvres qu'elles chargent sur leur dos et s'en retournent vers les tentes en poil de chameau émergeant à peine, au loin, des replis du terrain.

Pour couper la longueur du chemin, une halte s'impose. Nous déjeunons au pied de gros blocs de pierre, d'un ton chaud, d'une forme déterminée comme on n'en trouve nulle part ailleurs.

Elles sont nombreuses dans ce désert, toutes semblables, et le hasard les a disposées avec une telle symétrie qu'on a peine à croire que la main des hommes soit étrangère à leur arrangement.

LES FEMMES DES DOUARS ALLANT AU PUITS LE PLUS VOISIN
REMPLIR LEUR AMPHORE

A peine nos chevaux reposés il faut repartir. A tout prix on doit éviter de se laisser surprendre par la nuit dans ces contrées désertes où l'on ne saurait espérer de secours en cas de danger.

C'est vers cinq heures du soir que le but vers lequel nous marchons depuis ce matin se présente nettement à nos yeux. D'innombrables coupoles blanches font songer à de monstrueuses têtes de croyants émergeant de la crête des murailles. Kairouan est une ville sainte, seconde capitale de l'Islam, où sept pèlerinages équivalent à un de ceux de la Mecque lieu d'où les croyants reviennent avec une indiscutable réputation de sainteté et le droit de porter le turban vert.

Mais Médine est si loin !

Parmi les hommes très pieux, beaucoup rêvent de finir leurs jours à l'ombre des murs saints, ce qui doit leur assurer une place privilégiée dans un monde meilleur.

J'admire ce sentiment de foi profonde chez les fils de l'Islam plus, peut-être, que leur résignation devant la mort qui, pour la plupart, est la délivrance d'une vie de privations et de misère.

Les malheureux croient fermement au Paradis de Mahomet lequel leur apparaît comme le jardin des délices rêvées, et c'est avec une confiance sans égale et une simplicité d'enfant qu'ils y aspirent.

La paix plane au-dessus de Kairouan, et les chrétiens eux-mêmes se sentent émus quand ils en franchissent les portes.

Les hôtels y sont peu nombreux et comme les voyageurs affluent, il faut pratiquement s'occuper de ses logements.

La dépendance d'auberge où nous trouvons place est peuplée de gens disparates. Deux Italiennes en mantille flirtent ici avec leurs galants, qui, le regard pâmé, grattent sur des mandolines désaccordées la rengaine nationale : *Funiculi, funicula*. Plus loin, assis à une petite table dans le jardin, un homme pérore avec un fort accent du Midi quoiqu'il se déclare natif de Pithiviers. Tartarin de Pithiviers alors, digne émule du marquis de Crac! Cet original porte des bottes rouges en cuir de Russie et ornées d'éperons qu'il vient de mettre « pour boire son absinthe ». Il a posé à côté de lui une selle à quartiers que, tout l'après-midi, il a trimballée sur son bras pour visiter les mosquées.

Cet amusant voyageur raconte sa gérance d'une propriété de huit à neuf mille hectares. « Je parierais, dit-il, pour neuf mille, mais il est difficile de s'en assurer. » Le lac poissonneux de Kelbia, dont la réputation est universelle dans la région, borde cette propriété. « Tantôt le lac il avance, tantôt le lac il recule » ce qui fait qu'on ne peut, à mille hectares près, évaluer l'étendue du domaine!!! »

— Et pour qui gérez-vous ? questionne l'hôtelier.

« — Ah! voilà bien la difficulté! c'est pour une Société, mais
« je n'ai jamais pu savoir exactement laquelle. En ce moment
« j'ai un versement de douze mille francs à effectuer et j'ignore
« encore en quelles mains je dois le faire. Vous me voyez dans
« un grand embarras! Je porte toujours cet or dans une cein-
« ture; c'est gênant! Je vis de rien, de ma pêche de gibier sur-
« tout. Quand j'ai épuisé ma provision de cartouches, comme en
« ce moment, pour m'éviter d'aller à la ville, je prends une
« pelote de ficelle, j'attache une pierre au bout et je la lance :
« Le canard, « il vient », il avale la pierre et la ficelle avec
« je me la tire » et j'ai mon canard! »

L'aubergiste ayant témoigné du désir de voir la chasse du vantard : « Ah, c'est que ce matin, s'écrie-t-il, sans se démonter, le malheur a fait que je n'avais pas de ficelle. Par exemple qu'auriez vous pensé l'autre matin! Je vais à la chasse, je tue une sarcelle, comme je n'avais pas de chien, je me jette à l'eau, je l'attrape, je la mets dans ma bouche et je nage... je nage... je nage... J'arrive au bord, mon bon! je n'avais plus mon oiseau dans le bec mais deux vanneaux dans les mains ! » (Sic).

*
* *

Le thermomètre marque neuf degrés, il fait très froid. Le vent a passé sur les neiges du Zaghouan dont les cimes élevées en sont toutes blanches depuis hier. Nos fourrures d'astrakan nous suffisent à peine et je suis navrée de voir le petit Arabe qui nous guide, frissonner sous sa chemise faite d'un gros sac de toile. Deux ouvertures sont ménagées pour les bras et le gamin se montre fier de cet accoutrement : parce qu'il n'a pas un seul accroc, ce pauvre vêtement lui semble le dernier cri du confortable!

Il nous conduit d'abord aux souks, la coutume arabe le veut ainsi!

Les tapis qu'on nous y exhibe ont des tons violents, le bariolage de leurs nuances est d'un goût plutôt douteux. Quant aux babouches jaunes si recherchées en raison de la finesse de leur cuir et de l'élégance de leurs formes, elles sont en tous points pareilles à celles que l'on vend dans les bazars de Tunis.

L'heure est venue d'aller chez le contrôleur, il nous remet la permission indispensable pour visiter les mosquées.

Nous commençons par la belle des belles, la mosquée par excellence, celle de Djama-Kébir, aux coupoles en côtes de melon. On la nomme aussi Sidi-Okba (du nom du fondateur de Kairouan).

Après une légère attente les prêtres nous en ouvrent la porte sans bonne grâce, toujours inquiets et mécontents de subir la loi du vainqueur et je n'affirmerais pas qu'entre leurs dents serrées les mots de kelb (chien), difa (charogne) n'aient pas passé !

Kairouan est la seule ville de Tunisie où les chrétiens aient le droit de visiter les mosquées. Partout ailleurs, l'entrée leur en est interdite. Cette dure condition fut imposée à Kairouan en 1881, par crainte que ces lieux de prière, s'ils demeuraient à l'abri de toute surveillance, ne devinssent des foyers de complots et d'insurrections.

La cour intérieure de la Grande Mosquée, ornée de marbres, est entourée de cloîtres.

KAIROUAN

LA GRANDE MOSQUÉE

Les dix-sept nefs sont soutenues par cent quatre-vingts colonnes de style corinthien, ionien, byzantin qu'éclairent imparfaitement les lampes entretenues par la piété des fidèles.

Nous insistons pour monter au Minaret. Pendant que nous sommes absorbés par la contemplation du panorama, le prêtre penché au balcon appelle les fidèles pour la prière. L'émotion que nous cause cette cérémonie est moins vive qu'à Sidi-Okba. La voix du muezzin n'est pas aussi bien timbrée, son geste a moins de noblesse.

Après la Grande Mosquée, nous allons voir la Mosquée Djama-Amer-Abbâda (des Sabres). Le Marabout qui l'habitait

UN PÈLERIN ARRIVANT A KAIROUAN

devait être un athlète si l'on en juge d'après la taille des fourreaux de ses sabres, et des boulets avec lesquels il avait l'habitude de jongler.

Nous finissons par la visite de la Mosquée de Sidi-Sahab (barbier du Prophète) située à un kilomètre dans les faubourgs. On s'y rend par un chemin bordé de cactus. La tour carrée du minaret est décorée de carreaux de faïence. Le tombeau où repose le Marabout qui « conserva trois poils de la barbe du Prophète dans un sachet fixé sur sa poitrine », est recouvert de somptueux tapis et de riches étendards.

A toute heure, la ville et ses alentours présentent des aspects vivants et variés dont le charme est bien fait pour séduire et retenir les peintres mais leur pinceau ne peut rendre qu'imparfaitement l'éclat des couleurs.

L'HEURE DE LA PRIÈRE DANS LES CHAMPS

L'air est si calme et si pur que la vue et l'ouïe jouissent sans réserve de la beauté des lignes ainsi que de l'harmonie des sons. Dans ce cadre, les sensations s'exaltent, tout émeut et plaît.

C'est presque douloureusement que l'on s'arrache à l'attraction des êtres et des choses qui vous laissent, avec leur souvenir, prenant comme un sortilège, le regret de l'adieu et le désir du retour.

LES AÏSSAOUAHS

5 Février.

Il ne faut pas quitter Kairouan sans avoir assisté aux exercices religieux des Aïssaouahs qui ont lieu à huis clos dans leur mosquée.

Hormis le vendredi, jour où le cheik tolère la présence des infidèles, il faut une permission particulière pour y pénétrer. En promettant une aumône qui sera affectée aux frais de la mosquée ou à l'achat de cierges, toute difficulté est vite aplanie.

Les Aïssaouahs ne prélèvent rien pour eux mais on peut payer un mouton qui sera mangé tout cru par les serviteurs d'Allah.

Les cérémonies religieuses officielles ont lieu le soir. Un interprète arabe accompagne les roumis et deux gendarmes français forment la garde d'honneur exigée par le gouvernement pour prévenir tout désordre.

Le cheik reçoit ses visiteurs avec une simplicité pleine de noblesse. Pour ma part, sa figure pâle et triste, l'harmonie de ses gestes onctueux m'inspirent le respect. Quel étonnement de penser que cet homme doux et grave, avant d'être appelé à cette fonction suprême et passive, a dû longtemps prendre une part active aux pratiques de ces barbares hystériques!

Dès leur entrée dans la mosquée dont les portes sont alors verrouillées avec soin, les femmes sont priées d'aller s'asseoir aux places d'honneur près du cheik, tandis que les fanatiques s'alignent coude à coude devant lui et commencent à balancer leur corps de gauche à droite et de droite à gauche en répétant sans interruption le nom du Prophète.

Bientôt les turbans déroulés découvrent des crânes rosés sur lesquels se dresse une mèche unique de cheveux crépus.

Les yeux élargis ne semblent plus rien voir et bientôt, ces fanatiques arrivés au paroxysme de l'extase, se roulent aux pieds du cheik, s'accrochent à sa robe et réclament la faveur d'avaler du verre, des scorpions vivants, de mâcher des feuilles de cactus, ou de se rouler demi-nus sur des épines.

Les plus forcenés se précipitent sur des lames de sabres disposées à cet effet et s'y appuient de tout leur poids. Ils se traversent aussi les bras avec de longues aiguilles de fer ou sortent à moitié leurs yeux des orbites, sans paraître en ressentir la moindre douleur.

Parvenus au comble de la surexcitation, d'aucuns tombent dans des crises nerveuses : l'écume aux lèvres il faut alors les emporter à l'écart. Pour calmer leur démence il suffit que le cheik s'approche d'eux, impose ses mains sur les fronts mouillés de sueur et passe paternellement sur les plaies le grand mouchoir de soie qui pend à sa ceinture.

A ce contact, cris et contorsions cessent instantanément, les chairs sanglantes ou meurtries comme soulagées par miracle, reprennent bientôt une teinte rose.

Sans pouvoir parler, nous regardons l'horrible spectacle, impressionnés par la sauvagerie du mystère angoissant qui enveloppe ces extraordinaires visions.

Et, ce n'est pas sans un profond soupir de soulagement que nous quittons la mosquée écoutant à peine l'interprète qui, pour ajouter à notre effroi, insiste sur les dangers qu'il y aurait à s'introduire par surprise dans l'enceinte sacrée des Aïssaouahs.

Un curieux se trouvant un jour dans ce cas, fut vite découvert et à demi assassiné.

Détail comique : ses agresseurs s'emparèrent à un certain moment de son lorgnon, et l'avalèrent avec volupté !

Les esprits forts ont parfois qualifié de supercherie les macérations de cette secte. Mais leurs doutes s'évanouiraient vite ici et les plus incrédules s'en retourneraient convaincus même sans connaître les autopsies pratiquées sur plusieurs de ces malheureuses victimes de leur foi et qui ont été terriblement révélatrices.

Les estomacs examinés renfermaient les objets les plus indigestes et les plus disparates, tels que des clous aux pointes acérées et des débris de ferraille.

Le plus étrange est qu'en dépit de ce mépris pour l'hygiène, bon nombre d'Aïssaouahs atteignent un âge avancé.

UN JONGLEUR QUE TROP SOUVENT LES EUROPÉENS
PRENNENT POUR UN AISSAOUAH

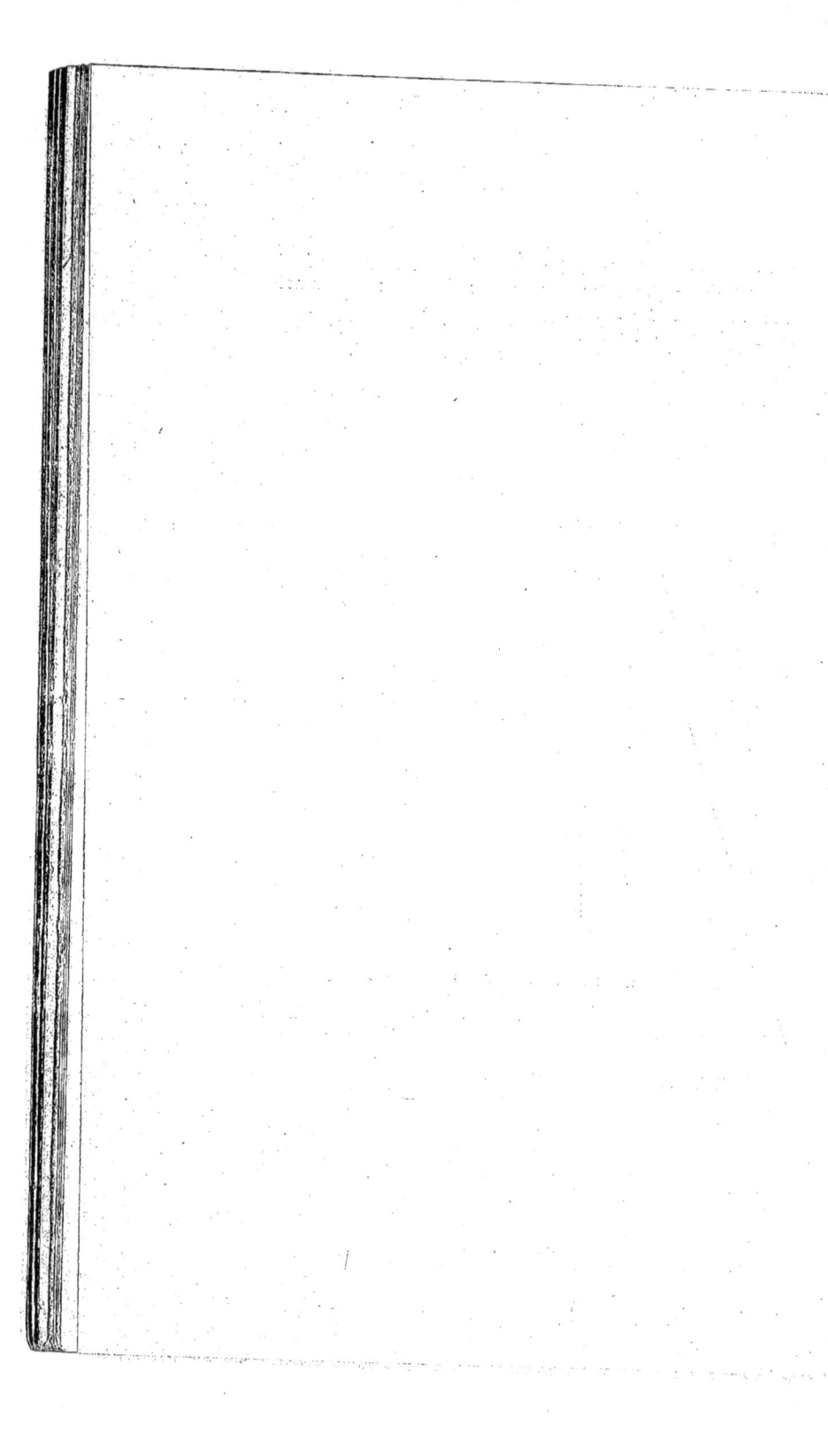

A L'ENTRÉE DES SOUKS

SOUSSE

7 Février.

Nous arrivons en landau à Sousse. Il fait du vent, les averses tombent mais on nous promet beau temps pour demain. Dans les souks, les boutiques sont peintes en bleu turquoise, petit détail qui a bien son attrait. Le soir, nous allons au café chantant dont on a distribué dans l'après-midi un alléchant programme libellé en trois langues : français, arabe, *hébreu*.

Les sœurs Samama sont la grande attraction de la fête. Ces deux sœurs ne sont que de massives et lourdes filles, l'une en rose et culotte de calicot blanc, l'autre en bleu avec un jupon étriqué et ridicule.

Elles sont laides, communes avec de larges mains, de grands pieds, la voix éraillée et des gestes de gamin de Paris. Elles dansent gauchement mais sont couvertes de bijoux, qui font l'admiration des indigènes en même temps qu'ils témoignent de générosités passées.

Des perles baroques de forme invraisemblable, mais perles vraies pourtant, des diamants, des émeraudes, non taillés mais authentiques sont enchâssés grossièrement dans des anneaux et dans des bracelets qu'elles font sonner avec ostentation.

Entre chaque danse, pour réparer le désordre de leur toilette, elles se retirent dans la buvette, où au milieu des consommateurs qui dégustent des boissons frelatées, elles font des mines, clignent de l'œil dans un miroir cassé qu'elles viennent de sortir de leur poche.

Bientôt lassés de ce spectacle nous partons, laissant le public et les artistes se divertir à leur guise.

L'ARABE QUI VIENT CHERCHER NOS NOMBREUX COLIS
POUR LE CAMPEMENT

LE CAMP DE MOUKENINE

8 Février.

La douceur de la température nous permettant d'exécuter le projet de campement combiné depuis quelque temps, nous voici en route pour Moukenine où nous trouverons nos tentes dressées.

Un « araba » est parti en avant avec tout ce que comporte une telle expédition : lits de camp, matelas, vaisselle, petit fourneau pour faire la cuisine en plein air, et, pour charmer les heures de loisir : jeux de cartes, livres, écritoires, appareils photographiques...

Ne voulant pas changer d'étape chaque jour mais plutôt établir un point de concentration auprès d'un de nos amis en mission géodésique et de là rayonner aux alentours, nous essayons de nous entourer de tout le confort possible.

L'emplacement choisi pour nos maisons de toile, est parfait. C'est un champ d'orge verte où des oliviers séculaires répandent une ombre bienfaisante et il est entouré de cactus réputés comme d'excellents brise-vent.

MA TENTE MARABOUT

Je couche dans une « tente marabout » vaste et spacieuse, qu'un rideau partage par moitié : d'un côté la chambre à coucher, de l'autre, le salon.

Pour nous préserver de l'humidité on a soigneusement étendu une couche de foin sur le sol avant d'y déposer les planches recouvertes avec des couvertures de chevaux qui nous tiennent lieu de tapis. Au-dessus de mon lit, des draps sont épinglés en guise de rideaux pour garantir de la fraîcheur perfide des nuits. En effet, chaque matin une rosée abondante et bienfaisante recouvre le sol. Si elle est la richesse du pays, elle est aussi l'ennemie de ceux qui dorment à la belle étoile.

Tout comme la toison de l'agneau de Gédéon, les objets laissés dehors sont complètement imprégnés de rosée. Sous les tentes non doublées, on n'est pas à l'abri de cet inconvénient et il faut cacher ses vêtements sous les couvertures si l'on veut les remettre sans être obligé de les faire sécher au soleil. Nous allumons, le soir, des braseros autour desquels nous échangeons nos impressions de la journée en attendant que sonne le couvre-feu.

A ce signal il faut éteindre les lumières et se déshabiller dans l'obscurité sous peine, si les lampes restaient allumées, d'apparaître comme des ombres chinoises sur l'écran de toile que forment les parois des tentes. Puis, par des clairs de lune divins l'on s'endort non pas à la garde de Dieu mais sous la garde des « Assass » ou veilleurs de nuit et de deux spahis indigènes chargés de nous défendre en cas d'attaque.

UN SPAHI

L'un est en manteau rouge, l'autre en manteau bleu; ces spahis nous ont été donnés par le khalifat de Moukenine qui n'omettra pas, chaque jour, d'envoyer prendre de nos nouvelles, et de venir lui-même, à la nuit tombante, s'assurer que tout marche à la satisfaction générale.

Dans l'espoir de flatter notre gourmandise, cet homme obligeant nous fait apporter des plats du pays préparés par ses serviteurs et pour que ces mets ne refroidissent pas durant le long trajet de la ville au camp, ils sont recouverts de cloches de paille affectant la forme de chapeaux.

Le couscouss et le mamès nous sont servis dans des plats de

bois de plus d'un mètre de diamètre et avec tant de prodigalité qu'on les croirait destinés au repas de Gargantua!

Les couscouss sont faits avec du poulet ou du mouton et garnis d'artichauts, de branches de céleri, de piments verts et rouges.

Pour le mamès, on roule des grains de blé dans du beurre et l'on en confectionne une pâte sucrée d'un goût fade et décevant.

FEMME PORTANT UN PLAT DE COUSCOUS

La région où nous campons est bien cultivée, riche d'aspect, l'eau s'y trouve en abondance. Les habitants sont plus industrieux et mieux policés que ceux du Tell. Ils n'ont rien de commun avec les Berbères ou les Kabyles : ce sont pour la plupart les descendants des Maures chassés d'Espagne, reconnaissables à leur teint bronzé, à la petitesse de leurs traits, et aussi à la rondeur du visage.

La vivacité et la gaieté de leur allure, alliées à la douceur de leurs manières, ont une grâce qui étonne.

9 Février.

Nous décidons une grande promenade en voiture. Nous irons dans la direction d'El-Djem, sans pousser jusqu'aux importantes ruines du Colisée qui sont malheureusement trop éloignées de notre camp.

La promenade est charmante et à notre retour la visite du barbier nous procure une nouvelle distraction. Ce personnage vient nous faire ses offres de service. Il porte avec aisance sa gandoura de laine fine et son haïk de toile écrue d'une irrépro-

LE BARBIER EN PLEIN AIR

chable propreté. Ses mains sont fines et soignées, il affecte de nous les montrer tout en jouant négligemment avec une lame de cuir servant à aiguiser le rasoir qui pend à sa ceinture à côté de l'inévitable mouchoir de poche !

Chacun porte de la même manière ses objets préférés ou utiles : le notaire, son encrier ; le spahi, le martinet dont il se servira pour frapper les mutins afin d'aider les Européens à conserver leur prestige : la crainte étant le seul moyen de se faire respecter des indigènes. Les plus petites négligences restées impunies, se renouvelleraient en s'aggravant. C'est pour avoir oublié que la peur agit seule sur ces âmes qu'un épisode imprévu vint jeter l'alarme dans notre camp.

Confiants en notre faiblesse, les gardiens indigènes, zélés tout d'abord, se relâchèrent vite de leur surveillance. Une belle nuit où ils dormaient au lieu de veiller, deux mulets se débarrassèrent de leurs entraves et s'empêtrèrent dans les cordes de nos tentes risquant de les détendre et de les faire s'affaisser sur le sol.

Après une chaude alerte et une course folle, les bêtes furent capturées sans avoir causé de dommages!

Le lendemain matin l'autorité supérieure condamna les Assass à rester tout un jour attachés au tronc d'un caroubier et pour tout menu ils durent se contenter de la maigre pitance apportée par leur famille, au lieu de partager les reliefs de notre table. La loi de l'Islam veut, en effet, que les prisonniers soient nourris aux frais des leurs, durant le temps qu'ils accomplissent leur peine.

Dans les contrées un peu sauvages qu'il leur faut traverser, les touristes sont très souvent, pour les choses les plus élémentaires, en butte aux tracasseries des habitants.

Ces derniers trop peu civilisés encore pour comprendre le profit qu'il y a pour eux à vendre leurs denrées, se croient rançonnés et mettent une persévérance inlassable à susciter mille difficultés à ceux qui veulent acheter des vivres.

Ils usent d'une subtilité sans nom pour ne pas livrer les marchandises, essayant toujours de duper l'acheteur sur le poids et la qualité du blé, de l'avoine, du nombre et de la fraîcheur des œufs, que sais-je encore !

On n'a raison de la duplicité des gens, qu'en parlant haut, et en feignant de les malmener. Leur mauvaise volonté cède immédiatement devant une attitude énergique.

En Islam, le prestige de l'uniforme est grand ; l'autorité militaire sait s'imposer et la réputation d'un camp le précède dans les contrées qu'il doit visiter de même que son itinéraire est rapidement connu de ceux qui ont intérêt à en être informés.

C'est que, dans le désert, les nouvelles volent de bouche en bouche et, propagées de la sorte, elles vont plus vite que partout ailleurs.

A côté de bien des défauts, les Arabes sont doués de grandes et belles qualités.

Ils ont le sens profond de la responsabilité qu'ils assument dans certaines circonstances.

C'est ainsi qu'à Moukenine, un jeune Maure devenu notre guide préféré pendant nos promenades court devant nous en éclaireur.

Svelte, agile, mollets nus, chaussettes et culottes blanches avec de belles bottines neuves, sa bonne grâce nous charme aussi bien que l'élégance de sa veste et de son gilets brodés.

Suivant une gracieuse coutume, il porte la branche de narcisse sauvage piquée au-dessus de l'oreille. Le jeune Maure prévoit les moindres accidents de la route; il ôte les pierres sous nos pas, nous aide à franchir les plus petits cours d'eau. Sa sollicitude nous entoure sans cesse et durant une promenade entreprise dans le but de cueillir des fleurs sauvages, il s'effraie en désignant les larges et belles feuilles dont j'agrémente mon bouquet champêtre, criant avec véhémence : « Morta! morta ! la dame ! »

Et comme je ne jette pas assez vite, à son gré, les plantes vénéneuses, le jeune homme affolé s'élance sur moi, m'arrache l'objet exécré, le piétine tandis que des larmes de colère montent à ses yeux.

Redoutant encore les effets du poison, il me fait signe de ne pas porter mes mains à mes lèvres, et m'oblige à le suivre jusqu'au ruisseau voisin pour y laver mes doigts.

10 Février.

Avant de quitter le camp de Moukenine, nous devons une visite au khalifat qui nous a prodigué ses soins. Nous voulons aussi

MOUKENINE

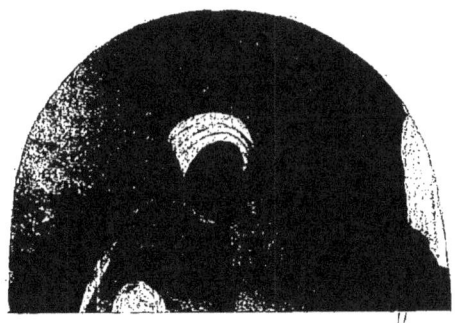

TISSEUR DE SOIE

nous promener dans la ville et rendre hommage à la discrétion des habitants qui ne nous ont obsédés ni de questions oiseuses ni de leurs offres de service.

Les professionnels qui tissent la soie sont nombreux à Moukenine et nous admirons la riche qualité des étoffes tendues sur les métiers.

A l'école française où nous entrons l'instituteur nous présente ses élèves. Il les aime et vante leur intelligence.

Les enfants écrivent notre langue avec une facilité surprenante et la parlent sans accent.

Pour que nous puissions juger de leur savoir, comme nous touchons nos chapeaux les gamins crient tous en chœur : « Calotte ! »

Ils nous montrent avec fierté leurs cahiers dont la plupart pourraient servir de modèles à bien des écoliers français.

Flatté lui-même dans son orgueil professionnel, l'instituteur dit à l'un d'eux de lire à haute voix une narration intitulée : « le pieux mensonge ».

Ce sujet nous paraît une ironie pour une race qui pratique si aisément la duplicité!

Tous ces jeunes garçons ont des boucles d'oreille d'un gracieux dessin et, à leurs chevilles, je remarque des bracelets d'argent ornés de têtes de béliers rappelant les bijoux romains.

Quelques-uns de ces anneaux sont anciens et leur finesse contraste avec la grossièreté de ceux que les bijoutiers arabes façonnent de nos jours à l'aide du marteau et de l'enclume.

En quittant l'école, nous croisons dans la rue un homme titubant qui pousse des cris inarticulés mêlés d'éclats de rire. C'est un fumeur de haschich.

Il n'a pas encore atteint la béatitude parfaite et pour arriver à l'extase rêvée il devra traverser plusieurs crises douloureuses.

Les premières sont tellement pénibles que parfois elles frisent la folie.

En proie à la tristesse, le fumeur se lamente, pleure, désire en finir avec une vie qui lui cause d'insupportables tortures!

Ces récits effrayants nous terrifient moins que la vue du pauvre fou.

Nous renoncerons à connaître les ivresses du haschich plutôt que de passer par ces épreuves. Jamais nous ne goûterons les joies idéales des paradis artificiels où nous conduirait le poison, jamais nous n'éprouverons la volupté de nous endormir aux sons d'une musique divine, bercés dans les bras de houris enchanteresses !

NOTRE GUIDE DE MOUKENINE

11 Février.

Quatre jours sous la tente ont passé vite et nous ressentons une mélancolie profonde à quitter nos maisons de toile. Mais il fait beau, tout semble promettre une délicieuse traversée, il faut en profiter pour nous embarquer à Méhédia, le point le plus proche du camp de Moukenine.

Si le gros temps survenait il nous faudrait aller plus loin jusqu'à Monastir où la rade est plus sûre.

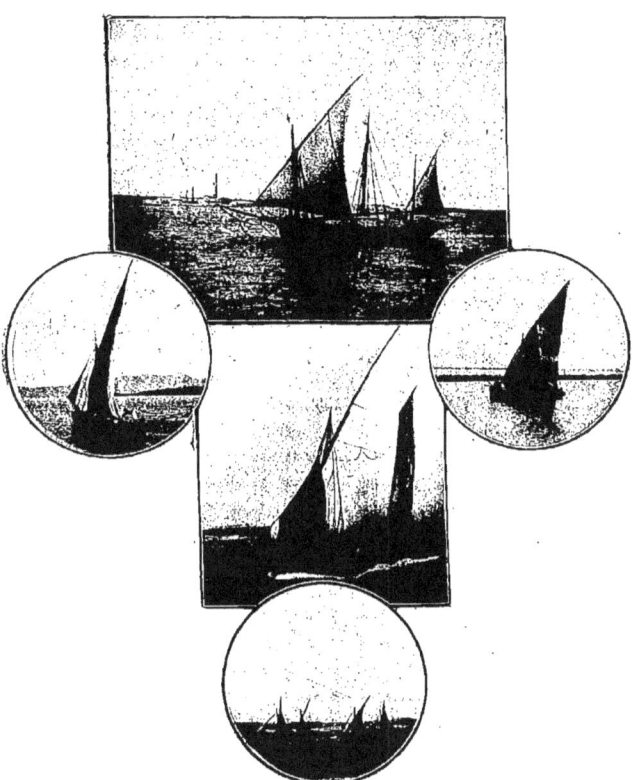

BATEAUX A SFAX

BATEAUX DE PÊCHE, PÊCHEURS D'ÉPONGES
MAHONE DE DJERBA PARENZELLA

SFAX

12 Février.

Nous partons pour Sfax par un radieux matin.

Avant d'entrer dans le chenal nous rencontrons de nombreux bateaux de pêche aux voiles d'une belle couleur rouge.

D'autres barques, coquettement gréées, fines et légères comme des libellules, glissent mollement sur la surface brillante qui les reflète. Elles vont deux à deux reliées par une senne et, ainsi réunies, elles éveillent la gracieuse image de sœurs jumelles en robe du dimanche, portant une guirlande à la fête voisine.

Les Napolitains nomment ces couples de barques « Parenzella » (paire). Les Siciliens qui les comparent plus prosaïquement à deux bœufs attelés à la charrue, les appellent « Bovos ».

Les deux barques se prêtent un mutuel appui pour la pêche.

Par une manœuvre habilement combinée les pêcheurs tendent et relèvent alternativement leurs filets. De cette façon il n'y a pas d'interruption dans le travail.

La pêche est surtout fructueuse dans le sud, du côté des îles Kerkenah et de Zarzis. On rencontre également dans ces parages, les Chebecks arabes qui, avec leurs jolies voilures souples, repliées autour de leurs mâts ressemblent à des papillons endormis.

Les Mahones de Djerba servent au transport de ces poteries blanches réputées auxquelles des bains prolongés dans l'eau de mer donnent une blancheur immaculée.

A Sfax, les pêcheries d'éponges sont célèbres et attirent des amateurs de tous les pays. Le mode de pêche varie suivant la nationalité de ceux qui se livrent à cette industrie. La façon de procéder des Arabes est la plus primitive et la moins avantageuse de toutes.

Des plongeurs à peu près nus, attachés par une simple corde, descendent dans la mer, une pierre à la main. En touchant le fond, ils lâchent leur caillou pour s'emparer — avec quelle rapidité on se l'imagine aisément ! — des quelques éponges à portée de leurs mains. Puis, dans un élan, ils remontent à la surface avec leur butin. Ce système nécessite une grande dépense de temps et de force pour un maigre résultat.

Sur les sacolodas grecs, mâtés le plus souvent comme des bricks-goélettes, on se sert, à défaut de scaphandriers, d'une sorte de trident nommé kauraki.

Certains pêcheurs avides et imprévoyants, emploient une drague appelée « gada » véritable instrument de destruction qui râfle indifféremment les grosses et les petites éponges. Ces dernières sont aussitôt rejetées sans profit.

La pêche ne dure que quatre mois : d'octobre à février. Passé cette époque, une algue bienfaisante, appelée « ziddagra » protège les zoophytes en les recouvrant d'un impénétrable manteau.

Sfax est enclose entre des murailles blanches crénelées et flanquées de tours basses et carrées. Ces murs éveillent l'idée d'un décor, car ils ne sauraient aujourd'hui être considérés comme un moyen de défense.

Ces amusants remparts rappellent les forteresses de carton garnies de soldats de plomb que l'on donne aux enfants ; l'on s'étonne qu'ils ne s'abattent pas, comme de simples châteaux de cartes, sous le souffle puissant du vent de mer.

En revanche, les récifs que l'on voit parfois émerger à fleur d'eau constituent une naturelle et redoutable défense à la ville.

Les Beys de jadis étaient des hommes avisés qui restaient confinés dans leur retraite. Ils se gardaient bien de faire creuser des ports lesquels auraient facilité, à l'occasion, un débarquement ennemi.

Quels que fussent la force et le nombre des vaisseaux qui s'avançaient pour attaquer la ville, les tempêtes fréquentes de ces parages, les obligeaient tôt ou tard à lever l'ancre sous peine d'être brisés contre les récifs !

Actuellement encore, la violence de la tourmente oblige certains jours les bateaux venant de Malte, à passer devant Tripoli et Gabès, sans pouvoir débarquer leurs voyageurs.

A Tunis, avant qu'on eût creusé le canal de la Goulette, lorsque la mer était violente, ceux qui ne craignaient pas de la braver, en étaient réduits à descendre, attachés à une corde, dans la barque du pilote qui, par les plus mauvais temps, trouvait toujours moyen de venir prendre le courrier.

SFAX

PORTE EXTÉRIEURE

PORTE INTÉRIEURE

Sfax passe, à tort ou à raison, pour une des villes de la côte tunisienne où l'on s'amuse le mieux, celle où les transatlantiques apportent le plus de champagne et de cartes à jouer! On y donne des bals costumés et les cafés-concerts regorgent de monde. La ville doit son exubérance et sa juvénile gaieté à la garnison qui, loin du monde civilisé, cherche comme elle peut à oublier l'amertume de l'exil.

Les environs de Sfax, comme ceux de Sousse et de Monastir sont consacrés à la culture de l'olivier : l'olive et l'alfa en sont les richesses naturelles.

Il est intéressant de faire à pied le tour extérieur des murailles et de stationner aux portes de la ville qui y donnent accès. De nombreux et curieux cavaliers au teint olivâtre passent, le plus souvent montés à deux sur une mule qui trotte allègrement malgré son double fardeau. Des enfants grimpés sur des bourricots complètent le tableau.

DEUX JEUNES VOYAGEURS

SFAX

LES SPAHIS

Le camp des spahis mérite une mention spéciale. Les soldats indigènes portent crânement la chéchia en arrière de la tête. En tenue de corvée, comme nous les avons entrevus, sous la blouse et la culotte de toile blanche serrée à la taille par la haute ceinture de flanelle rouge, ils ont vraiment fière allure.

Leur distraction favorite est de se mêler, les jours de marché, aux chrétiens et aux musulmans qui font cercle autour des charmeurs de serpents.

Avant de commencer ses exercices, l'Arabe se prosterne dévotieusement, frappe plusieurs fois la terre de son front et adresse à haute voix de véhémentes invocations à Allah.

Pendant ce temps les musiciens, ses indispensables auxiliaires, se tiennent accroupis sur les talons jouant du tambourin et soufflant dans des flûtes. Aux sons aigus de l'instrument, les serpents sortent du sac de toile qui les renferme, déroulent leurs souples anneaux, se dressent sur leur queue et dardent une langue fourchue tout en suivant d'un œil vif et brillant les mouvements du charmeur.

L'homme prend dans ses bras ses dangereux pensionnaires, s'en forme un vivant et gluant collier et n'hésite pas à se faire mordre la langue ou tirer la peau du front par les reptiles.

Il est vrai que quelques spectateurs affirment que les crochets à venin étant enlevés, le charmeur ne court plus aucun risque.

Une collecte termine le spectacle exotique ; elle est souvent fructueuse : l'Arabe se montrant généreux à l'égard de ceux qu'il croit être les dépositaires de l'esprit de Mahomet. Parmi ceux-là, citons des voyageurs étranges, marabouts loqueteux, sortes de juifs errants qui vont, pieds nus, de pays en pays, vivant de la charité d'autrui.

De peur de l'user par les chemins, ils portent, au bout d'un bâton, une vieille paire de bottines qu'ils ne mettront qu'à leur arrivée en ville. Ces pauvres diables poursuivent toujours leur chemin sans se fixer nulle part et, lorsque exténués ils meurent au bord d'une route, c'est à la pitié des passants qu'ils doivent leur sépulture.

Une autre curiosité de cette partie de l'Afrique est le Lion Saint ou « Lion Marabout » qu'un Arabe conduit de ville en ville et de bourgade en bourgade comme un chien, à l'aide d'une simple corde d'alfa. Le fauve est vieux et généralement aveugle. Son arrivée est annoncée comme un événement heureux et chacun se précipite pour apercevoir plus vite l'animal sacré et lui faire une joyeuse escorte.

En dépit de tout le désir que j'en avais, il ne m'a jamais été donné de contempler cet extraordinaire spectacle et je n'ai jamais eu le bonheur de passer ma main sur le dos d'un de ces fauves déchus. La superstition arabe veut que cette caresse assure à son auteur de longues années de félicité. S'il en est ainsi je dois me résigner à mon infortune !

La douceur des « Lions Marabouts » ne saurait être mise en doute.

Les enfants ont beau grimper sur son dos, et jouer avec sa crinière, le carnassier fait montre d'une patience à toute épreuve.

LE CHARMEUR DE SERPENTS ET LES MUSICIENS

En revanche, le lion, même « Saint », continue toujours à inspirer aux animaux domestiques une terreur sans égale. Tous tremblent à son approche, et du plus loin qu'ils le sentent, les chameaux s'affolent, sautent les fossés et s'enfuient dans les champs. Les mules se refusent à faire un pas de plus, les chevaux se dérobent et le plus habile cavalier chercherait vainement à les contraindre à passer près du fauve.

Notre séjour terminé, nous quittons Sfax, emmenant avec nous, comme un joli souvenir, une fine et gracieuse gazelle aux grands yeux pensifs. Sensible aux caresses, elle mange familièrement dans la main tendue. Nous l'avons nommée Aïssa et sa gentillesse lui attire les soins attentifs de tout l'équipage. Mais hélas! elle meurt comme une chose trop fragile brisée aux heurts de la vie d'aventures où mon plaisir égoïste avait voulu l'entraîner.

DJERBA

---

14 Février.

L'île plate par excellence se détache à peine sur l'horizon. Nous passons au large de Houmt-es-Souk, où stoppent les transatlantiques à 11 kilomètres de terre. Des rochers à fleur d'eau ainsi qu'à Sfax font à l'île une ceinture défensive, nul ne peut se diriger entre les redoutables bas-fonds de Djerba sans l'aide des naturels du pays. Ceux-ci construisent des barques nommées sandales dont le dessous est complètement plat. La forme de ces embarcations leur permet d'atterrir sans danger à Houmt-Souk et d'évoluer au milieu des écueils.

Cette difficulté d'accoster jointe à celle du logement, fait que peu d'Européens débarquent à Djerba.

Le fils du Caïd, qui a été élevé par les pères Blancs, est un personnage riche et important. Il monte à bord des transatlantiques pour les affaires de la Compagnie. Je l'ai vu jadis, vêtu d'une élégante gandoura rose pâle brodée de gris perle, portant des chaussettes blanches et des souliers vernis.

Il prit soin de m'avertir qu'il faudrait une heure pour débarquer à Houmt-es-Souk et que nous ne trouverions aucun hôtel dans l'île, mais il me rassura en ajoutant que les voyageurs recommandés pourraient loger chez le contrôleur ou même chez un Juif fort riche assez aimable pour mettre des chambres à leur disposition.

Les Arabes ne parlent de Djerba qu'en enflant la voix. Ils disent : « C'est une île enchantée » puis expliquent que les terres cultivables et cultivées avec soin produisent de belles récoltes, qu'il y a beaucoup d'arbres fruitiers et de l'eau douce à fleur de sol.

Pendant l'été, il règne toujours une délicieuse fraîcheur dans les jardins, on peut respirer librement, sans craindre les morsures des insectes et les brûlures du soleil.

Privés de pilote, c'est en vain qu'en steam-launch nous essayons de remonter un chenal qui aboutit à Houmt-Djem, autre port important de l'île. Il est mal balisé, à peine distingue-t-on des bouées trop espacées qui émergent de l'eau comme des points incertains.

Il est tard, le soleil baisse à l'horizon ; les petits toits arabes demeurent loin, très loin comme des dés jetés sur le rivage par une main capricieuse.

La sagesse nous ordonne de retourner à bord. Nous y parvenons après avoir failli plusieurs fois endommager les pêcheries nommées gemmas dont le sommet émerge à fleur d'eau à marée basse.

Pour compenser cette déconvenue, nous jouissons le soir même d'un clair de lune unique et de la nuit la plus douce et la plus belle qu'il m'ait été donné de voir sur le continent africain.

A sept heures du matin, nous levons l'ancre pour gagner Tripoli. L'air est chaud sans excès, le ciel à peine teinté d'une couleur charmante ; c'est bien le ciel de ces pays en été quand ne souffle pas le terrible siroco si rapidement déchaîné. Les plantes, les hommes mêmes, courbent la tête comme sous le poids d'une menace quand ils le sentent venir. On a la sensation, lorsqu'il passe, d'une flamme ardente qui vous lèche le visage.

Les effets du siroco ont été maintes fois décrits. En rappellerai-je un fort curieux et dont j'ai été témoin à deux reprises ? Un jour de siroco des œufs laissés sur une table de cuisine furent retrouvés cuits quelques minutes après le passage du vent desséchant. Et qu'on ne me dise pas que ces histoires-là n'arrivent qu'à Marseille. Je répète que j'ai vu de mes yeux ce que je rapporte ici.

L'OASIS

GABÈS

16 Février.

Nous arrivons à Gabès, terre des palmes, oasis de verdure où l'on récolte déjà ces fruits dorés qui n'atteignent cependant leurs transparence et leur saveur parfaite que dans le Djerid. Qui n'a entendu parler de celles de Tozeur et de Nefta ?

Quant à la datte Blah, elle provient de l'arbre qui produit le Lagmi, dont on fait également une liqueur forte et parfumée qui flatte le palais des Arabes et même celui des Européens.

Pour mieux visiter l'oasis de Gabès nous choisissons un petit guide parmi les nombreux enfants qui nous offrent leurs services. Une voiture est indispensable car la distance de la plage aux villages enfouis sous les palmes, est longue et serait fatigante à franchir sous le soleil ardent.

Nous entrons dans les jardins parfumés où des grenadiers fleurissent sur les talus qui séparent les propriétés. Il n'y a que peu d'êtres humains sous ces frais ombrages. Ici, pourtant, une fillette couverte de guenilles, de tons admirables, s'enfuit à notre approche en poussant des cris sauvages. Là, une femme occupée à couper de l'herbe avec une faucille se relève pour nous regarder. Ses jambes nues aux chevilles cerclées d'argent sont brunes et bien faites, et l'épaule qui sort à demi d'une draperie rouge est ronde et ferme. Un collier surchargé de fétiches lui retombe jusqu'à la ceinture. Les yeux franchement ouverts sont fort beaux.

Mais un bruit de voix attire notre attention d'un autre côté. Des Arabes se disputent au sujet de l'eau, cette richesse que chacun voudrait accaparer au détriment du voisin.

Les mots se croisent dans cette langue gutturale avec une violence et une rapidité qui nous étonnent ; mais cela ne tire pas à conséquence. Nul ne songe à essayer d'apaiser une querelle entre des Arabes, querelle qui peut durer une heure comme une après-midi entière!

L'Oued-Gazel qui sépare Djara de Menzel a un cours sinueux et pittoresque; il coule entre des berges de sable.

A l'heure matinale, moment auquel les sites africains gardent toute leur valeur et leur charme pénétrant, les femmes descendent des villages vers l'Oued. Elles se laissent complaisamment admirer lorsque les étrangers essayent de les photographier.

Debout dans des trous profonds creusés pour leur pittoresque lessive, les femmes se servent de terre glaise en guise de savon et s'aident de grosses pierres pour battre le linge et les étoffes. Parmi elles, beaucoup de Juives aux lourds bandeaux agrémentés de sequins. Leurs traits fins ne tarderont guère à s'accentuer car les Juives vieillissent vite, l'âge a tôt fait d'altérer chez elles la pureté des lignes et la fermeté des formes. Ces créatures sauvages et gracieuses comme les gazelles dont elles ont le profil busqué et les yeux caressants seront demain de vieilles femmes, et il n'y a pas en Afrique de créatures plus horribles et plus repoussantes que celles-là.

Une Mauresque file sur sa terrasse qui domine de deux mètres à peine le chemin où nous passons. Elle nous regarde sans effronterie ni fausse honte; d'une main elle tient sa quenouille et le fil coule entre ses doigts teints de henné. Ses gestes sont lents, d'une gaucherie prenante.

Sans interrompre son travail, elle cherche à rassurer de la voix un petit à la peau cuivrée, aux cheveux crépus, vêtu d'une chemise courte, aussi étroite que peut l'être une chemise d'enfant. Comme tous les gamins des bords de l'Oued, celui-là s'enfuit à

GABÈS

LES LAVEUSES DE L'OUED GABÈS

notre approche et court se terrer dans sa maison aussi vite que le lui permettent ses jambes trop courtes et ses pieds mignons.

Un jeune garçon de quinze ans, dédaigneux d'aller chercher le pont quelques mètres plus loin se dispose à traverser l'Oued. Il prend dans ses bras sa petite sœur déjà drapée dans ses voiles comme une femme, la place sur ses épaules et entre bravement dans l'eau. La fillette dans sa terreur se cramponne alors des deux

GABÈS

LA TRAVERSÉE DE L'OUED GABÈS

mains à la tête du grand frère qui atterrit bientôt et, avec d'infinies précautions, dépose son fardeau sur l'autre rive.

Les Arabes même adolescents entourent l'enfance de soins touchants, ainsi que tout ce qui est frêle, humble et souffrant.

Les vieillards, les malades, trouvent partout des bras pour les soutenir et une main amie conduit toujours les aveugles où ils veulent se rendre.

La loi de Mahomet ordonne de faire l'aumône à ceux qui viennent de loin; les affamés sont secourus, nourris, logés là où il leur plaît de s'arrêter, aussi bien dans les douars que dans les bourgades et les villes. Mais on dirait en revanche que l'Arabe a réservé la sécheresse et la dureté de son cœur aux femmes et aux animaux. A l'égard de ces derniers surtout il est d'une violence, d'une cruauté qui nous révolte. Il ne fait d'exception qu'en faveur de son cheval favori.

EN RADE DE GABÈS

LA GUIGUE ET SES RAMEURS

Nos marins ont été choisis parmi les meilleurs rameurs de l'équipage et c'est une sensation fort agréable de se sentir léger sur la vague et d'aller sur les flots d'un élan rapide et sûr.

Durant notre promenade à terre le vent s'est élevé, la mer est devenue forte : il ne faut pas oublier qu'à Gabès, l'embarcadère n'est qu'une primitive jetée en bois et que le mouillage est à deux milles de la côte. La guigue, montée par quatre hommes de l'équipage, s'est maintenue avec difficulté auprès du ponton. On jette une amarre à l'un des matelots et nous atteignons l'escalier de bois gémissant pour gagner l'embarcadère. A' force

A SIX HEURES DU MATIN

APRÈS LE NAUFRAGE

AU DÉPART

d'être balayé par les lames il est devenu glissant et il faut descendre avec prudence. Sans trop de difficultés pourtant nous embarquons ; les vagues sont creuses, l'écume déferle à l'avant du canot, l'embrun nous saute au visage et nous laisse cette impression forte et réconfortante de sel sur les lèvres.

Nous montons à bord aisément mais, par le gros temps qu'il fait, hisser la guigue est toute une affaire où la force et l'adresse des matelots sont mises à une rude épreuve.

En vérité cette baie de Gabès offre peu de sécurité aux navires. Je l'avais déjà constaté au cours d'un précédent voyage. Mais j'avais eu beau signaler le danger on n'avait prêté qu'une médiocre attention à mes paroles.

Or, le lendemain matin, un incident qui aurait pu tourner au tragique vint me donner raison et procurer au journal local de Gabès la satisfaction de pouvoir insérer dans ses colonnes le récit d'un émouvant naufrage. Il célébrait la bravoure de Luigi Bartalo « maître-batelier qui, après avoir sauvé « deux hommes dont une forte lame avait fait chavirer l'embar- « cation à quinze mètres de l'appontement, eut encore la gloire « de repêcher leur yole avec ses avirons. Il ramena ensuite yole « et gens dans sa barque pontée sur le yacht qui stationnait au « large d'où, aux premières heures du jour, étaient partis ces « imprudents. »

Ces hommes étaient le cuisinier du bord et un matelot. Ils avaient pris le « dingy » pour descendre à terre faire des provisions, sans avertir le commandant.

Comme le cuisinier ne savait pas nager, il faillit payer cher cette escapade.

TRIPOLI

En dépit de leur pittoresque appellation, nous avons laissé de côté Lampeduse et Lampedusa, c'est-à-dire les îles du Lampadaire et du Lampion que des feux allumés à l'approche de la nuit par des mains mystérieuses signalaient jadis aux navigateurs. Une légende du moyen âge attribuait cette douce sollicitude à des anges. Mais au lieu d'ailes diaphanes c'étaient des ermites à robe brune qui devaient tourner autour de ces feux protecteurs.

Nous voici en face de Tripoli, de Barbarie, capitale de la Tripolitaine, et, à peine l'ancre jetée, nous descendons dans une barque dont le rameur, un bel homme bronzé, porte fièrement une veste de velours vert, sans manches, soutachée de noir, sur une chemise à raies roses et blanches.

Son fez diffère comme forme et couleur de celui des Tunisiens : nous sommes bien en Turquie.

Pour entrer dans la ville, il faut franchir une porte que ferment des chaînes. Elles contiennent difficilement une foule compacte d'êtres sordides et repoussants qui vont nous suivre au marché.

Ce marché célèbre se tient le long du rivage, et c'est en plein air que huit à dix mille vendeurs Arabes exposent leurs marchandises.

Moutons, chiens, ânons, fruits, légumes, nattes réputées de la

Tripolitaine, tout se mêle en un désordre indescriptible. Une pile de calottes blanches soudanaises voisine avec une pyramide de beignets ou de pains à l'anis. Pour éviter d'écraser les pattes d'un chevreau que l'on vend au boucher en guise d'agneau on culbute un « couffa » de limons doux ou d'oranges sanguines.

Les Arabes discutent ou disputent dans des vêtements en lambeaux attachés à la diable tandis que, suivant l'usage nomade, un pan de leur burnous retenu sur la tête par des cordes en poil de chameau leur sert de turban.

Les guenilles de ces malheureux ont pris la couleur et l'odeur même de la terre sur laquelle ils s'étendent jour et nuit car ils ne connaissent pas d'autre couche.

En suivant au hasard une des trois rues parallèles qui longent la mer, nous heurtons et nous bousculons ici des hommes, là des animaux.

Barra, barra! Balek! (gare! gare à vous!) Tels sont les cris et les avertissements qu'on entend de toutes parts, mais on marche lentement, on se pousse avec douceur, personne n'est pressé.

Au bazar soudanais, on ne trouve, grâce à l'exportation, que des objets trop connus ; leur exotisme n'étonne plus. D'ailleurs Tripoli n'a pas autant de couleur que nous le supposions. Son aspect levantin ne séduit guère. Les tours de ses mosquées coiffées de ridicules minarets pointus, sous un croissant dont les pointes se recourbent en sens inverse du croissant tunisien, les galères antiques et les marins dépenaillés indiquent qu'elle obéit au Sultan.

Plus misérables encore sont les soldats de cette armée turque. Habillés de vêtements rapiécés, chaussés de souliers percés, des pistolets rouillés passés à la ceinture et des sabres mal attachés leur battant les talons, ils ont plutôt l'air de bandits que de réguliers.

Pour le Sultan comme pour le gouverneur, l'armée est une menace perpétuelle. Les hommes, rarement payés, restent indéfiniment sous les drapeaux. Manquant de tout, ils ne rêvent que pillages, révoltes de palais qui leur vaudraient un nouveau maître.

En temps de guerre, cette horde indisciplinée deviendrait une armée redoutable, renommée par son intrépidité et aussi par sa férocité à l'égard des vaincus.

A la porte du Pacha de Tripoli, un factionnaire monte la garde sur une marche de bois, ce qui l'oblige à une immobilité absolue dont nos sentinelles seraient vite lassées.

Ce pacha, exilé de Constantinople depuis vingt-cinq ans,

espère toujours revoir les rives du Bosphore, mais le sultan qui redoute son influence, juge prudent de le maintenir au loin.

Après avoir connu les raffinements de la civilisation orientale, il trouve qu'il est pénible de vivre dans un pays presque bar-

TRIPOLI

DANS LES JARDINS DU PACHA EN DEHORS DES MURS

bare où il ne peut que difficilement employer ses richesses à la satisfaction de ses plaisirs.

Le dédain que montre ce prince pour sa maison de plaisance située hors des murs, témoigne de son dégoût pour le pays où il languit.

Le chancelier du Consulat Français s'est offert à nous accompagner dans cette propriété où nous déjeunerons.

En notre honneur, le gardien apporte pompeusement dans la cour où pointe une herbe drue et haute, le petit guéridon boiteux et les tasses à café de grossière porcelaine qui servent au pacha pendant ses rares visites.

Notre repas se termine gaiement par une orgie d'oranges que nous cueillons sur les arbres des jardins.

Ces fruits sont, en Tripolitaine, sucrés, colorés, meilleurs qu'en aucun autre pays, aussi les transatlantiques en exportent-ils une quantité considérable en Europe.

C'est un enchantement de se promener sous ces ombrages merveilleux. Des palmiers gigantesques dominent des orangers et des citronniers abritent, à leur tour, d'humbles fraisiers dont les fruits rouges apparaissent à travers les feuilles dentelées.

L'oasis de Tripoli s'étend sur une longueur de huit à neuf lieues; il renferme environ deux millions de palmiers dont les fruits sont consommés sur place par les habitants.

Au bord de la mer, les dattes deviennent moins savoureuses, et par suite ne sauraient s'exporter avantageusement. Elles servent à nourrir la population nombreuse qui vit dans des maisons basses, de couleur neutre, faites de terre battue séchée au soleil.

L'air est bienfaisant, d'une douceur extrême. En marchant vers le désert dont les sables viennent mourir au pied même des murs de Tripoli, nous remarquons trois grands Soudanais, qui ont l'air de figures de bronze, gardant l'entrée du Sahara.

En réalité, ils sont là afin de faire respecter une pierre miraculeuse et recevoir les aumônes que la piété des pèlerins ne refuse jamais.

Des lieux si admirables et qui semblent peu favoriser les surprises, sont cependant mal fréquentés, et les Européens ne sont autorisés à sortir de l'enceinte de la ville qu'après en avoir obtenu l'autorisation, et sous la protection du Consulat.

Ce ne sont pas tant les Arabes de l'oasis qui sont à craindre que les soldats turcs. Ils s'unissent, en effet, volontiers aux pillards nomades, détrousseurs de grands chemins.

Les habitants de la Tripolitaine, eux, ne se révoltent que lorsqu'ils souffrent de la faim. Ils se refusent alors à payer la dîme, se réunissent en bande armée et viennent protester jusqu'aux portes de la ville. Mais c'est affaire entre eux et le gouvernement, le touriste n'a rien à redouter de leurs violences.

Pour l'Européen qui désire se promener dans le désert, il n'y a d'autres véhicules que de petites voitures sans ressorts auxquelles des rideaux déteints donnent de faux airs de palanquins.

Nous montons dans l'une d'elles. Pendant que le cheval conduit par un gamin assis sur le brancard galope à un train raccourci nous avons tout le temps d'admirer ces immensités dorées et éblouissantes qui s'étendent à perte de vue. Ce ne sont plus ici les plaines vertes de Biskra : les sables du Tripoli diffèrent totalement du désert que nous avons contemplé là-bas. Quand cette poussière fine presque impalpable coule entre les doigts, on croirait tenir de la poudre de diamant.

La beauté, la quiétude parfaite de ces dunes où l'on peut goûter une indépendance absolue, ont un charme puissant auquel on ne peut pas résister.

Comme cette pensée traverse mon esprit, de petits points noirs dont on ne saurait dire s'ils s'éloignent ou se rapprochent, se montrent à l'horizon.

Mais le point se fait imperceptible et disparaît bientôt. C'est une caravane qui s'en va, sans hâte, vers le désert...

Les chameliers chantent, heureux de marcher vers les solitudes immenses où ils respireront cet air pur « qui n'a jamais été respiré par aucun mortel avant eux ».

TRIPOLI

CARAVANES DANS LE DÉSERT
LES CHAMELIERS. — VOITURES POUR PROMENADES DANS LES SABLES

MALTE

LES QUAIS TOUJOURS TRÈS ANIMÉS

LA VALETTE

LES FARELLE

MALTE

Comme tous les bâtiments, qu'ils soient de guerre, de commerce ou de plaisance, notre yacht atterrit à Malte au port de La Valette seul point de l'île où il soit permis de débarquer. Cette règle ne souffre pas d'exception. Une forte amende punirait une première infraction et, en cas de récidive, les autorités anglaises séviraient sans doute avec rigueur.

Nous n'abordons d'ailleurs à La Valette qu'après avoir rempli les formalités les plus minutieuses et nous devons nous estimer heureux de descendre à terre si nous songeons aux difficultés que nous avions rencontrées, dans les mêmes circonstances, quelques années auparavant ; deux cas de choléra s'étant déclarés à Marseille, le *Kléber*, transatlantique qui nous portait alors s'était vu défendre l'entrée de La Valette.

Les passagers n'avaient que le choix de renoncer à visiter l'île anglaise ou se résigner à purger une quarantaine de onze jours.

Les heures passées tristement en face du lazaret nous donnèrent une idée des précautions, dont, au nom de l'hygiène et de la salubrité, les Maltais savent s'entourer. Une seule barque avait la permission de nous approcher et, pour nous distraire, nous en étions réduits à rire des difficultés des communications avec la terre ferme.

L'achat des vivres, l'envoi et la réception de la correspondance, le ravitaillement du navire, tout donnait lieu à des pourparlers sans fin. On montait à bord les objets indispensables dans une boîte emmanchée au bout d'un long bâton, et on n'acceptait notre monnaie qu'après l'avoir jetée au fond d'un seau que l'on plongeait dans la mer.

Entre temps, le capitaine du transatlantique nous avait proposé non un voyage autour de nos chambres mais une visite au fond du bateau. Nous étions descendus jusqu'aux quatrièmes classes où tout près des chevaux étaient parqués les plus misérables des passagers.

Des Arabes dorment là roulés dans leurs burnous; un nègre qui s'est fait un oreiller d'un arrosoir se soulève pour nous regarder curieusement.

A l'entrée d'un étroit cabanon, un fervent de l'Islam est couché. Dans ce réduit privé d'air et de lumière, il a enfermé ses trois femmes et ses deux enfants. Pour mieux protéger ses épouses contre les galantes entreprises, le mari a cloué un tapis en travers de la porte. Sur ma demande, que le capitaine lui transmet comme un ordre, l'Arabe ouvre le cabanon et crie aux malheureuses prisonnières : « Dites Aslem (bonjour) à Madame ! »

Une des femmes obéit et s'avance sur le seuil. Elle est jolie. C'est probablement la seule qui le soit puisque les autres se cachent.

Les enfants crient, on referme la porte, et en voilà pour jusqu'à la fin de la traversée.

Je m'élève contre ce procédé barbare. Tout de suite le mari proteste de ses bonnes intentions à l'égard de sa famille. Je demande que les femmes montent la nuit sur le pont. J'obtiens une promesse, mais c'est un serment d'Arabe...

On sait que Malte successivement conquise par les Phéniciens, les Carthaginois, les Romains, les Vandales et les Normands continua à exciter la convoitise de tous les peuples, jusqu'au moment où, au commencement du XIXe siècle, l'Angleterre posa sur elle ses mains avides. Il est singulier que malgré tant d'influences diverses, la race maltaise ait conservé une personnalité aiguë. Elle n'a pris à ses conquérants que leurs qualités.

Les Maltais doivent aux Sarrasins, la ténacité, le courage, la sobriété, la violence aussi.

Mais sous l'influence italienne, au contact de cette race latine, ils ont gagné l'adresse, l'intelligence sans se laisser dominer par la mollesse.

Plus tard, avec la domination anglaise, ils sont devenus industrieux, persévérants, actifs, ils ont acquis des qualités d'ordre, de rectitude, de régularité dont s'accommode d'ordinaire fort mal le tempérament méridional.

Le Maltais aime passionnément son île. S'il s'expatrie poussé par le désir de tenter fortune, c'est avec l'idée du retour qu'il réalisera aussitôt qu'il aura amassé un modeste pécule. Partout où il émigre il se fait comprendre avec facilité. Il emploie beaucoup d'expressions anglaises, françaises, surtout des locutions arabes.

La plupart des Maltais comprennent facilement l'italien et s'établissent de préférence à Tunis avec leurs femmes.

Malte, dont le nom signifie miel, offre pourtant peu de ressources à la population tassée sur son étroit rocher. Les habitants l'ont appelée avec plus d'orgueil que de vérité : « La fleur du monde ».

Elle serait mieux nommée la fleur de pierre, car je n'ai jamais vu tant de maisons, de palais ou d'églises dans un espace aussi restreint.

Il semble que l'île, envahie par toutes ces constructions, dut ne jamais connaître le parfum des fleurs et la douceur des fruits et, de fait, Malte au sol ingrat en resta longtemps privée. Il fallut songer à lui donner la terre cultivable qui lui manquait. C'est alors que tout en demandant à la pierre, broyée et triturée, une poussière qui trompait leurs espérances, les habitants obligèrent leurs voisins à employer, pour lester leurs navires, la terre sicilienne et à la leur abandonner comme droit d'entrée dans l'île.

Pour se rendre à Saint-Antonio, à sept kilomètres de la Vallette, on suit l'une de ces voies qui sillonnent l'île en longs rubans d'argent, et l'on prend, pour se préserver de l'ardeur du soleil, une voiture surmontée d'un baldaquin aux panaches emplumés, qui tient le milieu entre le ciel de lit et un dais de procession.

C'est à Saint-Antonio que se trouve la résidence d'été du gouverneur ; après l'aridité de la route, dépourvue de tout ombrage, elle semble une agréable oasis avec ses jardins d'orangers, ses arbres, ses massifs touffus et l'eau claire emplissant ses bassins.

Tout, à Malte, respire l'aisance : Bâties en pierres de taille, les maisons aux balcons sculptés, aux bow-windows, s'alignent régulièrement côte à côte au bord des routes blanches, poussiéreuses et les villages rappellent ceux des environs de Londres.

Ils se touchent presque, et bientôt Malte ne sera plus qu'une immense ville, une des plus denses du monde.

La Valette est originale. Devant ses murs, que les rayons du soleil ont revêtus d'une belle teinte chaude, on ressent une impression de force et de grandeur.

Les rues sont curieuses et accidentées.

Mais il faut un jarret d'acier pour grimper les pentes rapides qui conduisent de la jetée à la place de la Cathédrale.

Pourquoi, au premier abord, La Valette, ville anglaise prospère, remplie de mouvement, m'a-t-elle fait songer à cette cité somnolente, toute blanche, entourée de ravins profonds et sauvages, à cette hautaine et froide Constantine ?

L'impression est passagère au reste, et ma pensée évoque bientôt la poétique cité des Doges : Venise!

Les barques qui glissent dans le port affectent, en effet, des airs de gondoles. On les nomme : farella. La plupart, peintes en vert d'eau ou en bleu d'azur, portent à l'arrière une légende fantaisiste telle que : « I am a poor man » — « England for ever ». Deux yeux dessinés à la proue les animent comme d'un regard curieux et fureteur.

MALTE

INDIENS AUTOUR DES NAVIRES EN PARTANCE

Près des coques des gros navires, elles fourmillent, se ressemblent toutes et c'est à peine si on les reconnaît au sujet naïf qui décore chacune d'elles, licorne dansant, grenouille sous une ombrelle.

Quelques-unes sont chargées d'Indiens aux chignons relevés d'un peigne. Tous offrent sans se lasser des bijoux, bracelets, bagues, surtout des pierres fines des Indes, et ces dentelles de soie faites dans les îles maltaises.

MALTE

LES MALTAISES SOUS LA FALADETTA

D'autres barques portent à travers le port les soldats anglais en uniforme rouge et casque blanc.

Le soir, les farelle, éclairées des lueurs vives des lanternes, se transforment en farfadets capricieux. Et, dans la nuit, leur course est si vive et si légère qu'on distingue à peine à leur bord les visages que les Maltaises abritent d'ailleurs sous la faladetta, ce sombre et triste voile qui a son histoire.

Son usage date de la conquête napoléonienne. Grisés par la victoire, nos soldats abusèrent odieusement des droits du vainqueur. C'est alors qu'en signe de deuil, les femmes firent le vœu de porter sur leur tête durant cent ans cet étrange et noir tablier de soie. Le siècle écoulé, la coutume est restée.

MALTE

COUR INTÉRIEURE DU PALAIS DU GOUVERNEUR

L'île est regardée par les officiers et leurs femmes comme une garnison particulièrement agréable. Malgré l'espace restreint dont ils disposent, les Anglais trouvent là, comme ailleurs, le moyen de pratiquer tous les sports.

En dépit de ses maîtres actuels, le souvenir de la France n'a pas complètement disparu du pays : on n'a garde d'oublier nos chevaliers et leurs exploits.

Les puissants guerriers qui s'étaient si formidablement retranchés dans l'île ne se contentaient pas seulement de combattre ; et les grands maîtres de l'Ordre des chevaliers de Malte, qui presque tous étaient Français, protégeaient et encourageaient les arts.

Dans leur magnifique cathédrale de San-Giovanni, des chapelles d'une richesse extrême rappellent la nationalité de ceux à qui elles furent consacrées.

De très beaux Gobelins ornent le chœur et la nef principale, mais plus remarquables encore sont les tapisseries des « quatre parties du monde » tendues dans le palais du gouverneur.

Les salles principales en sont toutes décorées et le long des galeries qui y donnent accès, des mannequins recouverts d'armures et tenant des boucliers écussonnés sont alignés côte à côte comme des hommes d'armes pour une veille éternelle !

Ils semblent défendre de l'oubli des noms illustres et interdire à la banalité curieuse l'entrée de l'ancienne demeure des grands maîtres.

GOZZO

MÉGGIARRO-BAIE

VOITURE POUR ALLER A VICTORIA TOWN

GOZZO

Si Calypso dont la grotte, on l'assure du moins, s'élevait jadis en ces lieux, s'était montrée envers Ulysse et ses compagnons aussi peu hospitalière que le capitaine du port de Gozzo envers nous, la déesse n'eût pas fait oublier bien longtemps au roi d'Ithaque ses devoirs d'époux.

Le capitaine du port cherche à nous susciter mille difficultés : il réclame une autorisation de Malte avant de nous laisser descendre à terre.

Comme nous ne l'avons pas apportée avec nous, nous obtenons qu'il télégraphie pour la demander à l'île mère.

A peine débarqués à Gozzo, nous sommes obligés de nous interposer entre deux cochers qui se disputent, à coups de poing, l'honneur et surtout le profit de nous conduire.

Nous nous résignons, pour les séparer, à les prendre l'un et l'autre.

Ils nous conduiront à Victoria Town.

Gozzo, comme Malte, subit l'influence anglaise, il y règne un universel bien-être.

On accède assez facilement à Victoria-Town.

Une riche végétation africaine s'accroche au flanc des rochers de la citadelle. Des cactus... encore des cactus ! Ils rampent sur les murs le long des remparts et comblent les fossés de leur masse fleurie.

GOZZO

LA CITADELLE A VICTORIA TOWN

On voit, parsemées dans les campagnes, des constructions remontant à Louis XIV.

La cathédrale et d'autres églises dont les tours ressemblent à distance, à des minarets, datent de cette époque.

VUE SUR L'ILE DE GOZZO DE LA CITADELLE DE VICTORIA TOWN

L'architecture du pays offre sans cesse ce curieux mélange ; à côté des monuments élevés par les chevaliers de Saint-Jean il y a des maisons à moucharabias et des « coubas » absolument arabes.

Mais le sort des voyageurs est de passer ! L'heure est venue de nous embarquer à Méjiarro-Baie, petit port où s'abritent des barques de pêcheurs.

Je ne crois pas avoir jamais vu encore la mer si bleue, d'un bleu si vif et si brillant, de ce bleu indigo de robe de Vierge aux ex-votos.

Dans chaque creux que font les vagues on dirait des cassures de soie froissée, un léger murmure de l'eau en rappelle le bruissement.

Les anfractuosités des rochers sont pleines d'ombres tandis qu'en face de la baie, la troisième île malaise de Comeneo se profile teintée de rose.

Du rose, nous en avions vu déjà sur les cimes de l'Albanie, tandis que pareils à de fantastiques oiseaux, des nuages blancs passaient au-dessus d'elles. Mais cette vapeur légère flottant sur les lieux habités est un spectacle unique que nous n'avions contemplé nulle part ailleurs.

LE « GRACE DARLING » REPART SANS NOUS POUR MARSEILLE

A TUNIS

1ᵉʳ Mars.

Voir et revoir Tunis est un plaisir toujours captivant : tant de choses y sont curieuses, inattendues, amusantes !

A mon retour du Sud, je retrouve quelques types familiers et je me plais à flâner avec eux par la ville, sans me fatiguer jamais du décor et des couleurs de l'Orient, attirée, charmée, comme lors de mes précédents séjours, autant par les djebas aux nuances variées et douces que par les turbans qui ornent les têtes brunes et un peu dures des croyants.

Au moment du Ramadan lequel dure le cours d'une lune, les Arabes depuis le lever jusqu'au coucher du soleil, observent un jeûne rigoureux. C'est seulement, expliquent-ils, lorsque la lumière de l'astre ne leur permet plus de distinguer le châs d'une aiguille qu'ils peuvent boire, manger et fumer !

De crainte d'erreur, un coup de canon indique, le matin, l'heure où le jeûne doit commencer, et le soir le moment où il est permis de le rompre.

RETOUR du SUD

A la fin du Ramadan, les Arabes pour se dédommager, festoient durant trois jours et trois nuits et se livrent en plus à tous les excès que peut tolérer Mahomet.

Dans les rues les plus étroites de Tunis, on rencontre des « Arabes » dont les chevaux, sur un cri de leur conducteur, partent à plein galop et jouent à la fantasia sans se préoccuper des objets entassés dans les charrettes.

UN ARABE EXAMINANT UN FUSIL

Une mule passe avec un sanglier ficelé sur son dos, tandis que les femmes arabes s'enfuient en poussant des cris de pintade lorsqu'elles voient l'inévitable kodak se tourner vers elles. Les mieux voilées sont les plus farouches. On m'explique qu'elles redoutent « le mauvais œil de la lentille » prenant au sérieux ce propos ou plutôt cet à-propos de leur mari !

Nous allons d'ailleurs pouvoir nous faire une idée de la répugnance que marquent les femmes arabes pour l'objectif. Devant nous, un amateur braque son appareil sur une troupe d'élégantes aux haïcks de soie. Il n'en faut pas davantage pour que la troupe se disperse et s'engouffre affolée sous un large portail qui s'ouvre devant elle. C'est tomber de Charybde en Scylla. Les femmes se trouvent soudain dans la cour de la caserne des zouaves dont la sentinelle a voulu, en vain, s'opposer à cet envahissement.

Pareille à des oiseaux apeurés, toute la tribu féminine ressort au plus vite et s'éparpille à l'aventure dans le quartier.

En passant devant leur demeure, j'entre chez quelques-uns de mes chers Arabes, de ceux qui parlent le français avec une mimique naïve et un langage imagé.

Ils m'accablent de prévenances et, à leur manière, m'expriment leur admiration : « Les Françaises « toutes joûlies » flattent les regards ! »

Entre leurs lèvres closes passe un sifflement admiratif. Puis ils ajoutent : « Toi rester toujours à Tunis, être adorée, respectée, aimée comme le bey ! »

Ils insistent encore pour me prier de manger avec eux le couscous.

Dans l'intimité de leur maison mes amis deviennent plus confiants et me parlent de leur mode d'existence. Je comprends que la femme légitime règne en souveraine, que les concubines également légitimes n'ont que des places très inférieures. L'on peut juger par là de la situation qui est faite à celles des concubines qui ne sont pas reconnues. Et il semble qu'elles sont légion !

Durant le repas, on m'engage à manger avec une cuiller de bois ou avec mes doigts— à mon choix.

Pour la pâte de mil, cela ne va déjà pas tout seul, mais pour le poulet et le mouton qui nagent dans une sorte de bouillon pimenté, c'est encore plus compliqué.

Toujours avec la même grâce on m'offre des bonbons et comme je les refuse me défiant de leur saveur exagérée, on ajoute, pour me décider, les paroles que beaucoup de Parisiens connaissent aujourd'hui : « Si tu en manges, toi, jamais malade, jamais mourir, toujours contente ! »

Cette dernière promesse triomphe de ma résistance et c'est avec l'espoir d'acquérir un bonheur terrestre durable, que, sans me permettre la moindre grimace, je suce un bonbon que décorent des pétales de fleur de citronnier.

Je prends congé emportant un flacon de kohl préparé dans la maison avec un soin particulier.

Le kohl doit donner un regard irrésistible aux prunelles des Européennes aussi bien qu'à celles des femmes du harem.

A la suite de ces visites qui ont eu le harem pour décor deux nouvelles histoires viennent embellir ma collection.

La première est celle d'une jeune beauté dont les séductions avaient gagné le cœur d'un personnage haut placé mais marié.

Son épouse outragée s'adressa au Bey afin qu'il séparât les complices.

La jeune rivale fut enlevée une nuit et, à l'insu de tous, enfermée dans une sorte de prison où les femmes sans famille, en instance de divorce, cherchent un refuge momentané.

Notre héroïne eut tout le loisir d'y gémir, pleurer et crier en espérant le secours de son bien-aimé.

Au bout de plusieurs mois, lassée d'une vaine attente, elle accepta, pour sortir de ce lieu maudit, d'écouter les propositions d'un de ses gardiens.

Celui-ci désireux de ne plus voir des larmes perler au bout des longs cils, bruns et souples de sa jolie prisonnière lui demanda si elle renoncerait à revoir l'amant cause de tant de malheurs.

Désabusée des vanités de ce monde et des faveurs des grands, la jeune femme, après quelques semaines de réflexion, accéda au désir du galant geôlier et c'est ainsi qu'un mariage termina cette aventure.

Le second récit a trait à un homme jeune et aimable uni à deux femmes douées d'un caractère également difficile mais qu'il aimait pourtant tendrement. Entre les deux épouses pareillement violentes, irascibles et jalouses, les querelles incessantes finirent par lui rendre la vie tellement compliquée que l'infortuné mari dut prendre le parti extrême de séparer les rivales.

A chacune d'elles, il fallut louer une maison, donner le même nombre de servantes. Tout fut méticuleusement réglé, les repas devaient être identiques et la dépense égale.

Mais surtout, l'époux était tenu de partager équitablement ses faveurs sous peine de créer de nouveaux conflits. L'entourage de ses femmes se chargeait du contrôle, car dans les harems, plus que partout ailleurs, s'exerce la malignité des espions.

Et voilà comment d'un mari heureux et trop aimé on fit un homme préoccupé et chagrin. Et mon narrateur de conclure sagement : « Si deux femmes peuvent parfois assurer la joie de l'intérieur, avec une seule on a la paix, ce qui est préférable. »

MEGRINE

LES NÈGRES DANSANT LA BAMBOULA

2 Mars.

Il fait un beau soleil, le lac bleu est rayé de bandes d'oiseaux roses et les nègres qui fêtent l'inauguration de leur « fondouck », viennent, dans cette lumière, de rougir la dalle de la maison neuve avec le sang du mouton qu'ils ont immolé sur le seuil. Cette coutume sauvage, empruntée aux sémites, convient à leur tempérament, et ils jugent indispensable ce sacrifice d'innocentes victimes.

En cachette, ils ont encore éclaboussé çà et là, de quelques gouttelettes rouges, les murs immaculés, n'osant y appliquer la main sanglante traditionnelle, de crainte de mécontenter les blancs qui les logent sous un toit de tuiles.

Par reconnaissance, les nègres ont invité leurs bienfaiteurs à venir présider les danses barbares, auxquelles ils vont se livrer ; mais auparavant, leur Marabout tient à faire les honneurs du dortoir, et dans un sourire de bonheur montrant ses trente-deux dents blanches, il dit : « Nous serons ici mieux logés, mieux couchés que les Juifs! » Les Juifs représentent pour lui ce qu'il y a de plus riche, de plus heureux à Tunis!

Et devant le visage réjoui du Fezzanais, les murailles fraîchement enduites de chaux, les planches lisses et bien rabotées, appelées à servir de lit, dans la salle vaste et bien éclairée, je me prends à partager la gaieté de notre cicerone et je me mets à rire à mon tour pour lui montrer que mes trente-deux dents sont aussi blanches que les siennes.

3 Mars.

Les anciens marquaient les jours heureux d'un caillou blanc, cette semaine pourrait l'être d'un trait noir, car les événements tragiques n'ont pas manqué.

D'abord un « nègre maboule » casseur de pierre de son état s'est jeté sous les roues de notre petite charrette anglaise. Les jambes meurtries, le Fezzanais a été envoyé à l'hôpital, mais il s'est empressé d'en sortir parce qu'il s'y ennuyait.

NÈGRE CASSEUR DE PIERRE, HABILLÉ D'UN PANTALON DE SOLDAT
SUR LA ROUTE DE MÉGRINE A TUNIS

Une jambe de nègre, plus ou moins bien raccommodée, cela a certes moins d'importance que le plaisir de faire ses volontés.

Un petit berger arabe qui gardait nos moutons a été trouvé évanoui sous sa cachabia au bord du lac. On a eu peur ! L'enfant était couché auprès d'un arbuste sauvage, ses doigts crispés serraient un fruit de la plante. Ce fruit que les indigènes disent être du poison ressemble à une pomme d'amour et a un goût acidulé assez agréable. Nul doute que le petit n'ait voulu, comme nos premiers parents, goûter au fruit défendu, dont il n'ignorait cependant pas la détestable réputation.

On a secoué l'enfant, il a ouvert les yeux, a détiré ses bras engourdis puis s'est mis à rire, « enchanté de n'être pas mort » ajoutant naïvement qu'il croyait bien s'être endormi pour toujours.

Puis, aussitôt sur ses pieds, il a repris sa baguette, rejoint son troupeau pour se mettre en quête de ses agneaux, craignant d'être grondé, si par suite de sa désobéissance, quelques-uns s'étaient égarés.

ENTRÉE D'UN JARDIN D'ORANGES

Près d'une propriété du Zaghouan un gardien marocain a été trouvé mort sur la grand'route.

C'est la saison fâcheuse où, trop souvent, la nuit « parle la poudre », c'est le moment de la cueillette des olives où les maraudeurs se livrent au pillage nocturne qu'ils trouvent plus lucratif que leur travail journalier. Volailles, moutons, bêtes à cornes sont parfois razziés sans merci !

Si les bandits s'entendent à merveille pour voler, la discorde est fréquente quand il s'agit de se partager le butin et le conflit se termine souvent par un échange réciproque de coups de feu. En outre des poignards dissimulés dans leurs burnous, les pillards possèdent, tous, un fusil qu'ils portent en bandoulière.

Mais ce pauvre Marocain qui veillait sur un enclos d'orangers a été tué sans doute en défendant la propriété confiée à ses soins, et son corps lamentable traîné sur la grande route y a été abandonné.

NOTRE GARDIEN MAROCAIN NOUS RACONTANT LA MORT
D'UN AUTRE GARDIEN MAROCAIN

Il semble que personne ne s'en inquiète et plus d'un passe indifférent près du cadavre ! N'est-ce pas un inconnu ?

Il est peu probable que les assassins soient arrêtés, ils doivent être déjà loin, effrayés des conséquences de leur mauvais coup.

Et moi, en écoutant ce récit je me dis : « Quoiqu'il ne fut qu'un pauvre Marocain c'est pourtant triste de mourir de cette mort violente, pour quelques oranges, dans un si beau pays ! »

LES RAMASSEURS D'OLIVES DANS LA PLAINE DE MORNAG

La *PLUIE* de *SANG*

5 Mars.

Il m'a été donné d'observer à Mégrine le phénomène curieux que les anciens connaissaient sous le nom de « Pluie de sang » et qu'ils redoutaient comme le plus néfaste des présages.

Pour eux, c'était le signe avant-coureur des pires catastrophes. Heureusement que nous sommes moins superstitieux ! Ce matin de mars serait semblable à tous les autres si le disque du soleil n'émergeait difficilement des profondeurs d'une brume étrange.

A mesure que la matinée s'avance, le phénomène se précise. Les objets qui nous entourent perdent leur teinte naturelle, le vert des arbustes se bronze, les couleurs des fleurs s'accentuent et se durcissent. Le vent qui souffle du désert a soulevé dans le Sahara les tourbillons d'une impalpable poussière rouge. Elle s'élève en nuages épais, interceptant la vue du soleil qu'elle semble recouvrir d'une teinte sanglante.

Un simple linge blanc étendu sur le sol est vite recouvert d'une multitude de petits grains de sable rouge. On dirait que des mains invisibles l'ont trempé dans le sang ; l'illusion est complète. Et l'on se hâte d'enlever cette nappe sinistre, de la secouer, afin de dissiper l'impression angoissante qui étreint le cœur.

Cette poussière arrive d'El-Oued comme les savants se plairont à nous le confirmer et de ces lieux lointains, des tourbillons légers et colorés tombent parfois jusqu'à Naples et à Rome.

PROMENADE
au BORD du LAC BAHIRA

6 Mars.

C'est entre Radès et la Goulette que s'étendent, à perte de vue, des champs d'iris sauvages. Quoique la matinée soit idéale et que j'en ressente la douceur je suis bientôt absorbée par le travail de ramasser et de lier en faisceaux le plus possible de ces belles fleurs aristocratiques qui m'entourent.

Je ne sais auxquelles donner la préférence car je les admire également. Parmi ces iris, les uns se dressent fiers avec des airs de prélats romains, d'autres, ont des pétales blancs, gris de lin ou jaunes d'un ton effacé d'or pâle. Décidément j'aime mieux ceux qui sont entièrement noirs, parce qu'ils sont plus rares et plus étranges.

Au retour, en longeant les bords du lac, je dérange des bandes de flamants qui se reposaient perchés sur une patte, dans la pose méditative qui leur est favorite.

A mon approche ils s'envolent avec un cri rauque désagréable, mais dans leur large essor ils déploient de grandes ailes délicatement colorées et frangées d'ombre.

Le ciel ardent semble parfois strié de ces vols d'oiseaux, lorsqu'au coucher du soleil, des nuages orageux que le vent emporte comme des plumes passent au-dessus de la terre silencieuse.

HIER et AUJOURD'HUI

NOMADES A LA RECHERCHE D'UN CAMPEMENT

MATEUR

7 Mars.

Aujourd'hui c'est chose aisée d'aller par le chemin de fer à Bizerte et à Mateur. Lors de nos premiers séjours en Tunisie il n'en était pas ainsi. C'était toute une affaire qui nécessitait de longs préparatifs.

On quittait Tunis pour se rendre à vingt lieues dans l'intérieur des terres, comme s'il se fut agi de faire le tour du monde. Mais aussi quel imprévu et quelle différence avec la banalité décevante des expéditions d'aujourd'hui !

En dépit de l'agrément que procure à présent la facilité de locomotion en Tunisie, le pays perd chaque jour de son caractère, les choses de leur pittoresque et les hommes de leur valeur. Et je suis presque tentée de m'écrier avec les indigènes : « Que je regrette ce temps-là ! »

Ce temps-là ! Mais c'est hier que j'ai écrit ces pages sur une partie de chasse au pied du Djebel-Eskeul. Les voici telles quelles :

. . . .

Je quitte Mégrine, avant le lever du jour, à trois heures du matin, afin de me rendre en caravane, à Djédeïda. Un landau, bourré de nombreux colis indispensables, cartouches, fusils, sacs, etc., nous attend là. Un Arabe chargé de caisses, de munitions complémentaires, de victuailles (un demi-mouton, comme c'est la coutume) nous a précédés en coupant au plus court ; nous ne l'avons pas suivi, car on nous a prévenus que notre charrette avait toutes les chances du monde de rester embourbée dans ces chemins de traverse. Les pluies fréquentes dans cette partie fertile de la Régence, rendent souvent les chemins impraticables.

Les routes macadamisées elles-mêmes, sont parfois pénibles, comme on le verra plus loin, mais nul obstacle ne saurait arrêter des chasseurs déterminés, que ce soient des officiers de Malte ou des colons français.

Le gibier d'eau varié qui abonde dans les marais autour du Djebel-Eskeul, aussi bien que les perdreaux rouges qui foisonnent dans les Mogods, ont un attrait irrésistible. Il faut se hâter de les chasser car ils tendent à disparaître. En dépit de tous les obstacles nous atteindrons la plaine de Mateur avant la nuit. Une fois au but, nous n'aurons pas assez d'éloges pour la solidité des landaus tunisiens, le sang-froid du cocher maltais et l'énergie de notre attelage.

Un trait vient-il à se rompre, on le remplace en un clin d'œil, un ressort vient-il à se briser, avec des cordes on répare le dommage et les chevaux de petite taille, maigres et infatigables, peuvent faire vingt lieues de suite trottinant quand le terrain le permet ou tirant à plein collier dans les sols défoncés.

À peine leur accorde-t-on un quart d'heure de repos au milieu du jour, à ces braves animaux. D'une docilité à toute épreuve, ils obéissent au moindre signe de leur conducteur, entrent, s'il le faut, dans l'eau jusqu'au poitrail, passent les rivières, bref ne connaissent aucun obstacle.

Les pluies tombent parfois avec une abondance qui explique les richesses que l'on peut tirer certaines années de ces côtes que brûle et dessèche ensuite le soleil de juillet et d'août.

Cette fertilité naturelle est fort heureuse pour l'Arabe qui est le plus détestable des cultivateurs. Sa sobriété, son endurance expliquent sa paresse. En effet, l'Arabe qui aime à célébrer les fêtes par des festins, sait le reste du temps se contenter de ce que la terre peut lui donner spontanément sans grand travail.

Quand les indigènes labourent, c'est à la surface; ils grattent simplement le sol, respectent le plus modeste arbrisseau, contournent les buissons qu'il faudrait un effort trop grand pour arracher.

D'ailleurs leur fatalisme est une excuse à leur incurie :

« Si les choses sont là, c'est par la volonté de Dieu! qu'elles y demeurent! »

De Djedeïda à Mateur nous suivons une piste tracée par les êtres et les choses qui nous ont précédés. Notre cocher a déjà fait la route et passé entre des touffes de jujubiers qui, pour lui, marquent le chemin mais ne diffèrent en rien pour nous de celles qui émaillent le reste de la plaine.

Il ne faut pourtant pas la quitter cette piste rudimentaire, sans quoi on courrait risque d'errer à l'aventure bien des heures et de manquer le passage des oueds.

Sur ces oueds il n'y a pas de ponts, et les grosses averses qui sont tombées depuis que nous sommes en route, ont grossi démesurément leurs eaux.

PASSAGE D'UN OUED DÉBORDÉ

L'oued Chair nous arrête. Les cavaliers partis en avant-garde nous attendent, la mine longue.

« — Impossible de traverser ! »

« — Les landaus passent partout ! »

— Peut-être, mais il faut se rendre compte de la crue et de la profondeur de l'eau. On pousse alors des cris en gonflant sa voix, on appelle à longs intervalles et aussitôt, de cette plaine plate et désolée qui semblait déserte, du milieu de ces buissons nains de lenstiques, surgissent des formes blanches, venant on ne sait d'où, allant on ne sait où ; les Arabes n'aiment pas à confier leurs affaires, pas plus que le but de leur voyage.

La rivière paraît si haute et elle a des grondements si menaçants que les indigènes hésitent à y entrer. Pour une modeste pièce de vingt sous, un Arabe relevant son burnous, consent cependant à s'aventurer dans l'eau. Il tient à deux mains une gaule sèche, rappelant le bâton du peuple de Dieu se préparant à manger la Pâques (on se demande où l'on peut trouver ces bâtons dans un pays où il n'y a pas un arbre atteignant à hauteur d'homme).

Notre Arabe n'est mouillé que jusqu'à la ceinture, il mesure sur sa gaule la profondeur de l'eau, elle n'atteint qu'un mètre dix. Nous nous disposons alors à traverser l'oued.

On décharge la voiture de tous les menus bagages, qui seront passés après nous à dos d'homme. Pour éviter d'être mouillées les dames grimpent sur le dessus du landau ouvert par moitié et s'y assoient les jambes pendantes, après avoir ôté leurs manteaux afin d'être repêchées plus facilement en cas d'accident.

Les chevaux de selle, montés par des cavaliers énergiques, marchent de chaque côté des portières ; le cocher, debout sur son siège, enveloppe son attelage d'un coup de fouet, et nous franchissons l'oued sans encombre.

Il paraît — nous l'avons appris plus tard — que d'autres voyageurs ont été, ce jour-là même, moins heureux que nous. Un colon qui avait tenté le passage de la Medjerda vit sa voiture culbuter et son cheval emporté par le courant. Il ne dut son salut, ainsi que le domestique qui l'accompagnait, qu'à des branches de lauriers roses croissant sur les berges, et auxquelles il se cramponna. Quant à l'attelage, on n'en n'entendit plus parler. On croit que tout s'en est allé jusqu'à la mer.

Pour déjeuner, quand on voyage dans l'intérieur de la Tunisie comme nous le faisons aujourd'hui, et que le vent et la pluie font rage, on n'hésite pas à demander l'hospitalité à un colon dont la petite maison, avec son toit rouge, se distingue des habitations indigènes. Sur la foi des recommandations on est admirablement reçu et si, d'aventure, l'hôte est absent, on vous laisse entrer quand même en son logis, on s'installe dans la salle pour manger, pour déballer les provisions dont on a eu soin de se munir.

Les serviteurs, comme si leur maître était là, s'empressent, mettent le couvert, cuisent des œufs. La sobriété arabe contraste singulièrement avec la gourmandise des colons et quand ils viennent vous voir, aux environs des villes, il faut, pour leur plaire, leur servir des langoustes ou des dorades de Bizerte, du veau de Vichy, qu'apportent les transatlantiques deux fois par semaine, le veau du pays étant déclaré inférieur comme ayant la chair trop noire. Ne leur parlez ni de poulet, ni de gibier qui sont leurs mets journaliers. Ils dédaignent également les pluviers dorés, les vanneaux au ventre blanc, très sauvages, et que l'on n'approche à portée de fusil que par surprise les jours de tempête, les grives des oliviers, les alouettes huppées qui ont mangé du blé vert et les calandes, petits oiseaux qu'on prend dans les sillons.

En revanche les chasseurs déclarent qu'un cuissot frais de jeune sanglier de Kroumirie est un morceau de roi, mais je ne saurais goûter à l'escalope de porc-épic dont ils vantent la chair savoureuse.

**

La plaine de Mateur enfermée dans un vaste cirque de montagnes dominé par le Djebel-Eskeul, est belle et fertile. Du toit du colon qui nous a gracieusement offert l'hospitalité, j'aperçois, avec le secours d'une longue-vue, les buffles, ces fameux buffles du Bey qui, descendus de la montagne se vautrent dans les marais. Les habitants se plaignent vivement de leurs ravages. On n'a pas le droit de les chasser sans permission, on les a mis sous la protection officielle d'un caïd qui, avec sa barbe blanche tombant jusqu'à la ceinture et son air vénérable, ressemble à un patriarche.

Deux fois par an seulement, le gouvernement a l'habitude d'ordonner des battues. Elles ne diminuent d'ailleurs que peu le nombre du troupeau. Après force tapage, il est rare qu'on rapporte plus d'une ou deux victimes, et les cultivateurs continuent, à bon droit, de se plaindre.

On doit l'introduction des buffles en Tunisie à un cadeau reçu d'Italie par un Bey. Le souverain fort embarrassé eut l'idée d'envoyer ces animaux sur le Djebel-Eskeul où ils se multiplièrent rapidement.

Les troupeaux fuient devant l'ennemi; seuls les vieux taureaux isolés ont le courage de charger ceux qui les attaquent.

Dans la brousse impénétrable de la montagne, les sangliers cherchent aussi refuge : on les chasse à la lance.

On raconte que la nuit, les plus audacieux, s'aventurent jusqu'au près des parcs où sont renfermés les troupeaux de porcs.

Ils réussissent parfois à pénétrer dans les enclos en sautant les palissades hautes de plus d'un mètre; mais il leur est plus difficile de ressortir.

En ce cas une mort certaine les attend.

MATEUR

PRÈS D'UN DOUAR

Pour occuper nos loisirs on nous propose, nos chevaux ayant besoin de repos après la course de la veille, de nous promener dans un tombereau transformé en char à bancs. Des sacs bourrés de paille d'avoine nous servent de coussins. On attelle un cheval de charrette et nous voici partis dans cet étrange véhicule à deux lieues de là, voir une ruine romaine.

Sur notre passage se trouve un douar dont il ne fait pas bon s'approcher.

Les chiens aux poils durs, au museau effilé, à demi-sauvages, du plus loin qu'ils vous aperçoivent se précipitent avec des aboiements furieux, en montrant les dents. La seule manière de les éloigner est de feindre de se baisser pour leur jeter des pierres.

Une femme s'avance et avec elle comme guide, nous pourrons nous glisser sous son toit. Nous sommes déjà accoutumés à regarder sans surprise ce que peut renfermer une de ces maisons de toile.

MAURESQUE EN VOYAGE PORTANT UN ENFANT

Mauresques au teint olivâtre, aux bras ornés de larges anneaux, habillées de pièces d'étoffe roulées autour de leur corps et que relèvent des épingles d'argent, enfants nus aux grands yeux, grouillent pêle-mêle avec les animaux familiers du logis.

Une poule picore, un cheval hennit, un ânon très drôle avec les oreilles attachées de laine rouge, afin qu'elles prennent un port majestueux, a les jambes cerclées de petites jarretières de même couleur et on lui a déjà fendu les naseaux pour qu'il puisse mieux humer l'air.

A notre arrivée les femmes, qui écrasent du maïs dans des

plats de bois ne se dérangent pas. Elles se contentent de faire de la tête un signe de bienvenue puis, montrent leurs dents blanches dans un grand éclat de rire moqueur : elles nous trouvent parfaitement ridicules.

La femme nomade comme je l'ai dit déjà ne se cache pas le visage devant les étrangers ; tout au plus a-t-elle l'air de prendre un bout d'étoffe pour s'en couvrir la bouche, mais elle est sauvage, autant par instinct que pour obéir à la loi de sa race.

Il y a cependant des exceptions, telle cette petite effrontée qui, à l'entrée de sa tente, resta campée devant un de nos compagnons cherchant à prendre d'elle une rapide esquisse.

Soudain, accourut d'une prairie voisine, le mari armé d'un bâton : Allait-il frapper l'artiste ?

Il s'en garda bien. Cette démonstration n'avait d'autre but que d'obliger notre ami à entamer des pourparlers qui se seraient naturellement terminés par la remise de quelque menue monnaie. L'Arabe en fut d'ailleurs pour ses frais de mise en scène.

BÉDOUINES

DEVANT LA TENTE

UN RICHE CAVALIER

FANTASIA à MATEUR

J'apprends que la petite ville de Mateur est en fête pour installer un nouveau Caïd. De tous côtés on voit descendre dans la plaine des Arabes qui viennent des montagnes, attirés par l'attrait des fêtes qu'on a préparées à l'occasion de cette réception.

L'idée nous vient de les suivre et de nous rendre comme eux au devant du Caïd.

Nous arrivons juste pour son entrée. Il est précédé de musiciens et d'une foule d'hommes à turban dont quelques-uns portent les étendards des divers marabouts, riches et lourds drapeaux de drap d'or et d'argent claquant au vent et qu'ils ont momentanément soustraits aux tombeaux des saints pour les porter en procession.

Tout Mateur est en révolution. Sur les toits des maisons, des curieux, des femmes surtout ont pris place. En voici une qui, sur la terrasse de sa demeure, attend impatiemment que le spectacle commence. A cette hauteur, elle n'en perdra rien. Elle est

TOMBEAU D'UN SAINT

sûrement mieux placée que celles qui avancent péniblement, traînant leurs babouches microscopiques, tenant leurs voiles à deux mains. Au milieu d'un grand tapage le cortège passe, et le remous de la foule nous emporte à sa suite du côté où la fantasia doit se donner. Elle a lieu dans une sorte d'amphithéâtre de verdure où la pioche a taillé des gradins primitifs.

La population y restera accroupie des heures durant, pour applaudir à l'adresse des cavaliers.

La Fantasia commence par les joutes de deux enfants arabes, habillés comme des petits hommes, maniant avec une adresse extrême de jolis chevaux richement caparaçonnés ayant des housses de soie semblables à celles des palefrois des tournois du moyen âge.

Des cavaliers somptueusement vêtus leur succèdent. Par des-

MAURESQUE SUR SA TERRASSE

sus ses habits, chacun d'eux a jeté un burnous de laine blanche, comme s'il voulait atténuer l'éclat de tant de couleurs.

Le burnous bien attaché cache une partie de la richesse des costumes, mais il n'enlève rien à l'agilité des mouvements pas plus que le volumineux harnachement de parade n'ôte d'entrain à la monture.

Il est difficile de se faire une idée de la vitesse que déploient les petits chevaux arabes pendant la course qui est toujours inscrite au programme de la fantasia. Ils se ramassent sur eux-mêmes et se détendent avec une fougue furieuse ; le sol s'enflamme sous leurs pas ; leurs crinières flottent en désordre et se mêlent aux draperies de leurs cavaliers. Merveilleusement dressés, fiers, ardents, les naseaux ouverts et hennissants, ils font de continuels changements de pied, s'enlèvent, retombent à peine sur le sol, bondissant de nouveau pour repartir avec la rapidité de la flèche.

Le cheval semble s'amuser autant que le spectateur. Il prend plaisir à jouer avec les musiciens, qui naturellement sont de la fête, mordille leurs tambourins, pousse doucement les joueurs de flûte et répond aux taquineries des nègres qui l'excitent en faisant voltiger devant lui des foulards aux couleurs chatoyantes. Le nègre se couche devant l'animal qui bondit, puis s'agenouille avec une adresse inouïe sans presque jamais atteindre l'homme étendu à terre devant lui.

LA FANTASIA

JEU DU MOUCHOIR

Souplesse, légèreté, élégance, sont l'apanage des « barbes », comme l'aisance et la grâce sont le propre de ceux qui les montent.

Les cavaliers feignent de se jeter à terre, touchent le sol de la

FANTASIA A MATEUR

L'ARRIVÉE D'UN CAVALIER

SALUT FINAL

paume de la main, puis se relèvent en souriant et en guettant les applaudissements.

Un des derniers tableaux de la fantasia fut marqué par un triste accident.

Au moment où l'un des chevaux qui figuraient dans la fête se dressait sur ses pieds de derrière, il s'abattit soudain et son cavalier n'eut que le temps de sauter à terre avec une prestesse d'ailleurs admirable. On crut à un faux pas, mais l'animal ne se releva point. Il resta à terre sans un mouvement, les yeux clos. Il était mort. Son maître essaya quelques instants de le ranimer, puis voyant que ses efforts restaient vains, il demeura immobile près du cadavre de son ami. De grosses larmes coulaient sur ses joues basanées et des sanglots convulsifs secouaient sa poitrine. Le fier Arabe pleurait la perte de ce qu'il chérissait le plus au monde. Je vis bien ce jour-là que l'affection des Arabes pour leurs chevaux est loin d'être une légende.

Cependant la fantasia touchait à sa fin.

Elle se termina par un tableau comique auquel la foule ne ménagea pas ses applaudissements.

Je veux dire l'enlèvement de la mariée. Celle-ci, dérobée aux regards des curieux par des voiles épais, arrive tenue en selle par un cavalier qui doit la protéger contre ses ravisseurs. Une poursuite échevelée s'engage et après une course palpitante, la mariée capturée roule sur le sol. Tout à coup les draperies tombent et un visage masculin surgit à la stupéfaction des voyageurs. Les Européens ne se font pas une idée du formidable scandale qui se produirait si une femme prenait part à ces réjouissances publiques.

La distribution des récompenses termine la fête : fusils, pistolets, étriers d'argent, trophées enviés que les Arabes se montrent avec orgueil et gardent jalousement.

SALA

10 Mars.

On m'annonce un Arabe arrivant de l'intérieur des terres et désireux de nous serrer la main.

Sala est superbe dans sa robe soyeuse aux rayures brunes et rouges, brodée de vert ; avec son burnous en drap noisette et son turban en fine mousseline où se montrent çà et là des fleurs d'or.

Ses yeux noirs et profonds éclairent sa grande et belle figure dont l'expression intelligente, ferme et douce à la fois, est remplacée, par un rayonnement du plaisir, qu'il éprouve à nous revoir.

Nous sommes déjà de vieilles connaissances Sala et moi. Je serre sa main dont il baise le pouce qui a touché le mien, tandis que je m'attendris au souvenir de sa dernière visite qui remonte à plusieurs années.

Je lui rappelle que son acte de courtoisie d'alors, était en même temps un acte de courage car, pour des motifs que j'expliquerai tout à l'heure, Sala se trouvait traqué par la police et le voyage de Mateur à Mégrine offrait pour lui un danger réel qu'il n'ignorait pas.

Mais en raison même de ces difficultés qui pouvaient ainsi nous donner la mesure de son affection, il avait tenu à venir prendre congé de nous avant notre départ pour Marseille. Puis il avait prononcé ces paroles empreintes à la fois d'angoisse et de résignation : « Qui sait si vous reviendrez de France et où moi-même je serai alors! »

DES NOMADES RENCONTRÉS PAR SALA
AU BAC DE LA GOULETTE

La distinction native de l'Arabe, l'expression de résignation empreinte sur sa physionomie m'émurent et me frappèrent ce jour-là autant que lors de notre première rencontre chez un colon de nos amis vivant dans les plaines fertiles avoisinant les Mogods.

La présentation avait eu lieu un soir où il était venu avec une simplicité élégante fumer sa cigarette au milieu de nous, nous regardant avec un sourire triste, parlant peu, observant beaucoup.

J'étais son amie avant de connaître son histoire ; je la suis demeurée quand les détails de sa vie aventureuse me furent révélés.

Ma confiance en sa loyauté n'en fut pas altérée, il est des hommes qui paraissent incapables de décevoir l'opinion que l'on s'est faite sur eux. D'ailleurs pour juger leurs actes, ne faut-il pas tenir compte, de leur race et de leur hérédité ?

Pour en revenir à l'Algérien, les Européens frappés de son intelligence, de son tact, de son honnêteté qui l'élevaient bien au-dessus de ses coreligionnaires, l'employaient à des missions délicates, presque de confiance. Pour organiser une expédition cynégétique Sala était sans rival. Il aimait passionnément la chasse, tirait fort bien, et connaissait admirablement le pays.

Dans la brousse où il fallait camper, on pouvait tomber sur une panthère mais on courait aussi le risque de boire des eaux malsaines et le désagrément d'entendre aboyer les hyènes qui viennent rôder aux environs des tentes. Enfin on pouvait craindre les matraques des maraudeurs qui, dans ces contrées incultes et inhabitées, n'ont qu'une crainte très vague de la justice.

Les belles chasses que l'on faisait alors en ces sites sauvages dédommageaient amplement des lacunes de l'organisation première.

Mais je reviens aux liens d'amitié qui unissaient particulièrement l'Algérien à un de nos amis.

Sala s'était acquis des droits à sa reconnaissance en défendant avec autant d'intelligence que de bravoure ses intérêts et les nôtres au cours de difficultés que nous avions eues avec une tribu de Mogods renommés par leur sauvage hardiesse.

Ces indigènes nous contestaient la propriété du puits de Sidi-Salem. Les eaux belles et pures étant très rares en Tunisie, sont fort convoitées et cette terre inhabitée de Sidi-Salem, qui sert de pâturage, seulement pendant quelques mois de l'année, était trop souvent envahie par les tribus avoisinantes.

Un beau jour les Arabes se mirent en tête de prétendre que les limites de notre propriété n'étaient pas celles que nous affirmions et aussitôt ils plantèrent leurs tentes auprès de notre puits en déclarant qu'ils s'établissaient là.

Pour appuyer les revendications des Français, le Caïd de Mateur leur envoya une escorte de spahis indigènes avec ordre, si besoin était, d'intervenir par la force.

Les pourparlers durèrent toute la journée sans résultat. A la tombée de la nuit les Mogods ayant envoyé leurs femmes puiser de l'eau au puits objet de litige, notre ami et Sala s'opposèrent à leur arrivée.

Un conflit paraissait inévitable, car, s'enhardissant à mesure que la nuit s'approchait, les audacieux armaient leurs fusils et faisaient mine de tirer sur la petite troupe.

Inférieurs en nombre, les spahis s'enfuirent dans toutes les directions, seul Sala demeura avec le colon français à défendre la place.

Grâce à sa diplomatie, les fusils s'abaissèrent et de nouveaux pourparlers s'ouvrirent avec le chef du douar. Le péril fut ainsi conjuré, la situation sauvée sans que fût compromise la dignité française.

Un danger bravé en commun devient entre deux hommes le fondement d'une amitié qui ne se dément pas et le gage d'une confiance réciproque. Aussi Sala se décida-t-il à raconter son histoire à notre compatriote.

FEMME ALLANT AU PUITS

Jugez de la stupéfaction de ce dernier lorsque l'Arabe lui avoua que, quoique vivant sous le toit d'un colon français et traité par lui avec une bienveillance particulière, il n'en était pas moins un échappé de Cayenne condamné à la déportation comme inculpé dans une affaire de meurtre. Sala ajouta que s'il habitait dans ce pays de Kroumirie qui n'était pas le sien c'est qu'il pouvait au besoin trouver un refuge dans des parties inaccessibles non loin de la demeure du colon qui l'avait recueilli.

Les Arabes de race ne sont pas des assassins vulgaires : ils tuent comme d'autres se battent par vengeance ou par ordre, et le crime se transforme à leurs yeux en un acte héroïque dont ils s'enorguellissent.

Notre Algérien était spahi de naissance, ce qui veut dire qu'il appartenait à une certaine classe au-dessus du commun.

Il habitait avec sa famille une province d'Algérie où, en dépit de la conquête, il vivait heureux et considéré. Hélas! rien ne dure ici-bas.

Le Caïd d'une tribu voisine s'étant fait détester par ses nombreuses vexations envers des membres importants de la tribu à laquelle appartenait Sala, la mésintelligence et la haine divisèrent bientôt les deux camps. Le cheik ayant mis le comble à ses forfaits en jetant des regards de convoitise sur une des femmes du douar, la mort du Caïd fut discutée et résolue dans une réunion secrète.

On tira au sort le nom de celui qui serait chargé de venger l'honneur menacé — mais non encore atteint — d'une famille respectée.

« Tant que le Caïd respirerait on ne pourrait plus vivre en paix, les esprits étaient trop excités contre lui. »

Quelques jours s'écoulèrent et au grand étonnement de tous, le condamné vivait toujours.

On commençait à trouver que la justice humaine était bien lente.

Peut-être le vengeur désigné hésitait-il à répandre un sang qui devait être versé dans l'ombre ou bien ne pouvait-il se décider à punir parce que ce n'était pas une injure personnelle qu'il avait à venger.

Cette dernière hypothèse ne semble guère probable. Les membres d'une même tribu sont solidaires les uns des autres; il y avait plutôt lieu de croire que le cheik se méfiait, s'entourait de précautions, et qu'une occasion propice ne s'était pas encore présentée à l'exécuteur de la vengeance.

Enfin, un beau soir, le bruit se répandit que le cadavre du chef arabe venait d'être trouvé dans la campagne.

Il avait une balle dans la tête, une autre dans le cœur « cette tête qui avait mal pensé, ce cœur qui avait mal agi. »

Le meurtre de cet homme important ne pouvait passer inaperçu : le parquet se saisit de l'affaire et commença une enquête sérieuse.

Le fusil de notre Algérien fut trouvé encore noir de poudre au cours d'une perquisition pratiquée au douar où il habitait et servit de pièce à conviction, car il fut établi qu'aucune autre arme n'avait été utilisée.

Jugé non sommairement, mais par les tribunaux français, l'accusé fut condamné aux travaux forcés et déporté à Cayenne. Si le crime avait été prouvé d'une façon irréfutable la condamnation à mort eût été prononcée, la justice française usant de toute sa rigueur envers les Arabes afin d'éviter le renouvellement d'actes de sauvagerie trop fréquents.

Sala n'avoua jamais sa culpabilité à aucun de nous, il nia énergiquement sa participation au drame sanglant. Le mystère planera éternellement sur cette histoire. Nul, en effet, ne peut se vanter de connaître les considérations auxquelles cette race obéit : le cœur qui paraît s'ouvrir garde toujours un coin secret.

Pour moi, je déclare que ce n'est pas la crainte de notre mépris qui eût poussé Sala à se défendre d'avoir trempé ses mains dans le sang.

Il dut obéir à des mobiles plus nobles en n'expliquant pas comment et par qui son fusil avait été utilisé dans cette lugubre tragédie, s'il ne s'en était pas servi lui-même.

J'ai toujours cru ce grand cœur capable d'avoir subi en silence la peine infamante plutôt que de commettre la lâcheté d'une délation.

Sans déchoir à ses yeux, un frère ou un ami, a pu accepter l'héroïque sacrifice, pour sauver une situation en vue ou sauvegarder l'honneur de son foyer.

L'emprisonnement et l'exil sont des peines mille fois plus terribles que la mort pour les hommes habitués à la vie libre.

Le pauvre condamné souffrit plus que nous ne pouvons imaginer en entendant sa sentence.

S'il n'essaya pas de se laisser mourir de faim ou de se suicider par n'importe quel moyen à sa portée c'est que l'espoir de revenir de Cayenne germa de suite dans son cerveau. Cette pensée le soutint durant les longs mois de misère passés dans la douloureuse promiscuité du bagne.

Avec une patience extrême, Sala combina un plan savant et s'entendit avec deux forçats aussi déterminés que lui à risquer le tout pour le tout. Il modéra leur impatience, leur fit attendre l'heure propice, et parvint enfin après s'être procuré un petit canot à prendre le large avec eux.

Cette navigation dura onze longs jours pendant lesquels en butte à toutes les souffrances, au froid, à la faim, il vit ses compagnons mourir sous ses yeux. Lui-même fut recueilli à bout de forces par un bateau anglais.

Il ne sut jamais comment il vint échouer en Tunisie.

Il y a dans cette intelligence lucide une lacune de mémoire produite par trop de privations, de maux endurés, de détresse physique et morale.

Sala ne se réveilla qu'après des semaines de bien-être et de calme.

Mais il était écrit que les tribulations du malheureux se renouvelleraient.

Dénoncé par un agent de police qui l'avait jadis connu en Algérie, il retomba sous le coup de la loi.

Pendant de longs mois, ce fut comme un jeu pour lui de faire du jour la nuit, de dormir lorsque les autres se levaient.

C'est à ce moment que je le rencontrai ; le soir seulement, il osait venir se mêler à notre vie.

A la longue, un perpétuel qui-vive, fatigue, décourage.

La police, prise de zèle mit plus d'acharnement à traquer celui qu'on la plaisantait de ne pouvoir capturer.

Malade, épuisé, le fugitif se laissa enfin surprendre dans la ferme qu'il habitait.

Il se sentait d'ailleurs réconforté par les affirmations venues de haut lieu, disant que s'il se constituait prisonnier, il lui serait facile d'obtenir sa grâce.

Mais personne n'osait lui conseiller une conduite aussi téméraire, il en prit lui-même l'initiative.

Repris, réintégré en prison, victime d'une civilisation pour laquelle ceux de sa race et de sa religion ne sont pas mûrs et ne le seront jamais, Sala fut enfermé à la maison Carrée à Alger, et quelques mois après, en dépit des promesses qui ne coûtent rien, il fut embarqué pour Nouméa.

Le prisonnier partit avec la triste consolation que « c'était écrit! »

Sans doute il était écrit aussi qu'il en reviendrait et que son intéressante personnalité occuperait encore l'opinion publique.

Le Ministère de la Justice, favorablement disposé par le rapport de quelques colons français accorda la grâce du déporté.

En cette circonstance, de notables propriétaires connaissant l'Algérien et son dévouement aux intérêts français n'avaient pas hésité à lui donner leur appui.

Mais cette grâce, il la devait surtout à celui qui l'avait toujours protégé, à ce colon français qui, n'oubliant jamais son compagnon de chasse avait mis tout en œuvre pour l'arracher de la geôle. Sala ne put jamais témoigner sa reconnaissance à son bienfaiteur. Celui-ci mourut prématurément pendant que le libéré revenait en Afrique.

Après bien des vicissitudes notre Algérien rentra dans sa patrie d'adoption, s'y fixa et devint un agriculteur sérieux... à la mode tunisienne, bien entendu!

Sala voit maintenant son avenir assuré. Il cultive ses terres d'une étendue de trois ou quatre méchias (1).

Il vit dans l'aisance grâce à la régularité des récoltes dans cette partie de la Régence au pied du Djebel Eskeul, où le régime des pluies plus assuré que partout ailleurs donne une moyenne de rendement plus constante aussi.

Si tragiquement interrompue, l'existence de Sala a, enfin, repris son cours normal. Marié et père de famille au moment du sombre drame, il a aujourd'hui fait venir d'Algérie les siens auprès de lui et jouit en paix de la considération et de l'estime de tous : Français ou indigènes. Personne ne songe à lui reprocher son passé quelque surprise que puissent en éprouver ceux qui liront son histoire ou plutôt cette tragédie qui restera toujours mystérieuse et incompréhensible comme les mobiles auxquels obéissent les adeptes de Mahomet.

Tous ne mettent pas en pratique ce que leur enseigne le Coran où se rencontrent des versets d'une remarquable élévation de sentiments. L'égalité des hommes devant Allah y est sans cesse affirmée ; les lois religieuses chez les Orientaux étant les mêmes pour grands et petits, riches et pauvres, nobles et mendiants, désœuvrés et travailleurs, bien portants et malades.

Le Coran ignore les exceptions que notre civilisation admet. D'après lui, il n'y a que deux routes pour aller au Paradis : la bonne et la mauvaise.

Les petits chemins de côté, les sentiers qui tournent et retournent, aboutissent tous à la mauvaise voie.

---

(1) Méchia, mesure arabe équivalant à peu près à dix hectares.

LA MARSA

On a beaucoup parlé et l'on parle encore de la Marsa, ex-résidence du bey Ali, prédécesseur de Mohammed.

Cette demeure vaste et peu luxueuse comprend plusieurs corps de bâtiments accolés les uns aux autres, les murailles en sont blanchies à la chaux et les persiennes peintes en vert.

Le souverain a eu dix-huit fils dont huit seulement arrivèrent à l'âge d'homme. Avec leurs nombreux enfants, ils s'établirent près de leur père comme les rameaux autour de l'arbre.

Je ne suis jamais retournée au palais d'Ali-Bey depuis sa mort survenue en 1902, afin de ne pas déflorer le souvenir d'une visite intéressante et curieuse.

C'est avec un certain charme que ma pensée se reporte vers ce séjour et pour tous ceux qu'intéresse le passé, je transcris ici les feuillets où j'avais noté mes impressions d'alors.

. . . .

« Dès l'entrée du palais de la Marsa, une mosquée vitrée rappelle aux grands de ce monde le devoir de la prière. La porte entr'ouverte nous laisse apercevoir un nègre, superbement habillé à l'européenne, abîmé dans ses oraisons.

De belle stature, il a la nuque emprisonnée dans un col d'une hauteur invraisemblable et dont la blancheur fait ressortir l'ébène de la peau. C'est sans doute un de ces dix-sept gardiens du harem, dont la puissance égale l'insolence.

— 412 —

Très fiers de commander sans contrôle dans le quartier des femmes, ils ne permettent à personne d'oublier qu'ils sont quotidiennement mêlés à la vie intime du « Maître » et, sous peine de mécontenter le Bey, les courtisans sont forcés de compter avec la suffisance de ces gardiens.

Il faut ménager également les nains familiers de la cour; il y en a six, tous gâtés comme jadis les bouffons l'étaient par nos rois, mais qui ne sauraient pourtant user de la même liberté de langage.

Quelques-uns des jeunes princes qui habitent au palais viennent nous serrer la main. Ils sont suivis d'enfants de leur âge, futurs favoris, se tenant respectueusement derrière eux, prêts à accourir au moindre signe.

Nous sommes priés de ne pas nous arrêter en traversant les cours intérieures du Palais, ce serait une grave indiscrétion — quelques princesses se tiennent, en effet, derrière les jalousies, l'œil au guet, pour jouir d'un concert qui a lieu sous leurs fenêtres et admirer les musiciens vêtus d'habits étranges envoyés jadis à un Bey par un souverain ami.

Ces costumes doivent remonter à l'époque de Louis XIV. Les beys meurent, les hommes se succèdent mais les costumes res-

MUSIQUE DU BEY

tent toujours, ainsi que les cymbales qu'agitent, avec frénésie, ces exécutants improvisés.

Le Bey adore la musique : celle de sa garde d'honneur (aujourd'hui réduite à 600 hommes) lui donne chaque jour trois aubades.

Jadis, ces musiciens jouaient à l'unisson sur six notes, mais, en réalité, chacun selon sa propre mesure sans s'occuper des autres. Aujourd'hui, ils ont fait quelques progrès, et ils arrivent, tant bien que mal, à jouer la *Marseillaise*.

Chaque soir, il y a parade sur la place et le Potentat reçoit le salut « Dieu garde le Bey ».

En outre, des artistes arabes organisent, à toute heure, des concerts dans son appartement privé.

On nous fait l'insigne honneur de nous laisser entrer dans le jardin particulier du Souverain où piaillent et voltigent, enfermés dans une volière, des nuées de serins et d'oiseaux des îles. Il y a là tout un monde de perruches, aux plumes brillantes et d'une telle opposition de couleurs qu'on les croirait peintes, l'aile moitié bleue, moitié verte, la tête écarlate...

Des cacatoès huppés redressent leurs aigrettes, mais ils demeurent silencieux et immobiles sur leurs perchoirs. Avec leur plumage blanc, ils ressemblent assez à des Arabes encapuchonnés dont ils ont l'immobilité résignée.

Parmi cette gent emplumée et bavarde, deux pies sont gardées à l'écart et considérées comme des merveilles; mais les oiseaux qui nous intéressent le plus sont ceux qu'on ne songe pas à nous montrer. Ces singuliers volatiles tenant le milieu entre les poules faisanes et les perdreaux gris, vivent au centre de l'Afrique dans les parties les plus arides, ils font, chaque jour, des centaines de kilomètres pour venir boire à une source pure où leur instinct les conduit.

De jeunes chacals, hargneux, querelleurs, jouent entre eux derrière une grille, puis viennent simultanément aiguiser leurs dents acérées sur les barreaux de leur prison.

Derrière un double grillage, deux belles panthères bâillent, montrant leurs puissantes mâchoires. Un lionceau dont la crinière commence à pousser est enfermé non loin d'une cage spacieuse dans laquelle demeure une grosse lionne âgée de quatre ans.

L'Arabe chargé d'en prendre soin, balaie tranquillement le sol pendant qu'un autre indigène tient la porte entr'ouverte. Ce fauve a l'air si bon enfant que je demande s'il y aurait danger à pénétrer près de lui. On m'apprend alors qu'il vient d'étrangler une autre lionne qu'on lui avait donnée comme compagne, et l'on m'invite même à ne pas demeurer plus longtemps dans le voisinage du carnassier qui, dans un méchant rictus, montre ses dents.

Cette visite aux félins nous vaut, de la part du capitaine français qui nous fait les honneurs de la Marsa, toute une dissertation à leur sujet.

« Autrefois, dans les régiments d'Afrique, nous dit-il, on avait coutume d'apprivoiser des fauves. Les régiments avaient chacun leur lion, et à Ghardimaou nous avions élevé pour nous distraire un couple de jaguars capturés tout jeunes. Suivant l'habitude ils avaient été nourris à l'éponge. Cette manière de procéder est très simple : il suffit de tremper une éponge dans une tasse de lait et de la presser dans la gueule des félins qui sont ainsi facilement nourris et apprivoisés.

Nos deux jaguars, devenus les favoris du régiment se nommaient Saïd et Saïda. Ils erraient à toute heure en liberté autour de nous mais ne s'éloignaient jamais du camp. Cela donnait lieu parfois à d'amusantes aventures dont celle-ci.

Un jour, un contrôleur ayant affaire à notre général se rendait auprès de lui, quand il vit surgir au détour d'une allée conduisant à la maison de notre chef, le gracieux Saïd. L'homme effrayé courut se réfugier dans les bureaux où il commençait à reprendre ses esprits quand la porte mal fermée s'ouvrit, cette fois, sous la poussée de Saïda. Totalement affolé le contrôleur grimpa sur un buffet d'où l'on eut toutes les peines du monde à le déloger.

Le tigre ! le tigre ! balbutiait le malheureux. Et le général dut éloigner Saïda, qui sautait autour de lui, pour que le fonctionnaire, plus mort que vif, pût s'acquitter de sa mission.

La troupe avait aussi un mouflon comme animal favori. Tous les matins, une cloche au cou, il partait galoper dans la montagne et quand le clairon sonnait la soupe, il accourait pour prendre sa part du repas des soldats. Il disparut un jour sans que l'on ne pût jamais savoir ce qu'il était devenu.

Mais revenons à la Marsa. Un général indigène qui accompagne l'officier français marche silencieux devant nous dans les dédales d'un parc en miniature qui évoque les jardins japonais décrits par Loti.

Entre des papyrus courent des ruisseaux lilliputiens, remplis de poissons rouges ; les bords en sont reliés par des ponts de bois qui ont bien cinquante centimètres de large !

A la suite du jardin privé se trouvent de grands enclos mal entretenus mais dont les arbres, des orangers, donnent des fruits exquis et on raconte que ces fruits vendus en bloc chaque année, rapportent jusqu'à sept ou huit cents francs.

Les princesses et leur suite qui se compose d'une centaine de personnes, n'ont que rarement la permission d'entrer dans cet Éden. Et, leur promenade est précédée d'un véritable protocole.

Avant la sortie des princesses, la police du Palais doit parcourir les allées en criant : A la Barra! A la Barra !

A ces mots, les jardiniers, les travailleurs, tous les gens de service doivent s'éloigner précipitamment.

La cuisine donnant au rez-de-chaussée sur le chemin que doit suivre le cortège, le cuisinier est enfermé afin qu'il ne soit pas distrait de la préparation du repas et qu'il n'ait aucun retard à se reprocher.

La gourmandise, péché mignon de ces dames, est pleine d'exigences!

Dans le jardin, les femmes font une véritable hécatombe d'oranges ; si chacune en prend au moins une combien en restera-t-il ?

A chaque promenade du harem, les acheteurs réclament, supplient, menacent de résilier le contrat, sachant bien qu'ils obtiendront ainsi une réduction qui se chiffre parfois par une centaine de francs. Cent francs, pour cent oranges! Serait-ce ici le jardin des Hespérides ?

Les écuries du Bey sont séparées du Palais par une rue étroite. On y entrave les chevaux à la mode orientale : les uns ont les pieds de devant pris dans une corde faite en poil de chameau, d'autres la jambe de derrière retenue par une chaîne, ce qui les empêche de se coucher. Il en résulte une sensible économie de litière.

N'étant pas attachés à leur ratelier, ni séparés les uns des autres, les barbes se battent, se mordent. Quelques-uns, suivant la coutume arabe ne sont point ferrés. Pas plus d'ailleurs que les mules que l'on attelle par six à la voiture beylicale quand le souverain vient en ville dans le carrosse de gala.

Ce carrosse, peint en rouge, surchargé de dorures, sort une fois par an, à l'anniversaire de la naissance du Prophète.

Le Bey, pour parcourir les rues de Tunis y monte seul. Les femmes de la cour le suivent dans une berline blanche et or. Toutes les voitures des princesses doivent être de cette couleur.

Des toiles métalliques sur lesquelles on a peint des bouquets de fleurs, remplacent les vitres et permettent aux princesses de regarder en cachette au dehors.

Le Bey Ali était adoré comme un père par ses sujets ; son peuple disait de lui :

« C'est un sage qui donne l'exemple de toutes les vertus.

« Pendant le Ramadan, il ne fume pas, il ne boit jamais de liqueurs, il n'a voulu qu'une seule femme légitime à la fois. »

Or, le Coran autorise trois ou quatre épouses, mais c'est faire preuve de haute vertu que de n'en prendre qu'une.

Quand son épouse bien-aimée mourut après une longue vie, le Bey Ali versa « de vraies larmes », puis il fit venir de Tunis un wagon entier de pleureuses qui, autour des funérailles, emplirent l'air, selon la coutume, de leurs plus bruyantes lamentations.

Comme consolation ce Bey de quatre-vingts ans épousa, peu de mois après, une jeune fille qui comptait vingt-trois printemps, laquelle régna également sans partage sur son cœur. Mais il répétait souvent qu'il l'avait choisie parce qu'elle était jolie et gaie, en dépit de son âge : « Il la trouvait un peu vieille ! »

Le souverain avec qui nous échangeâmes un matin de muets saluts au Dar-El-Bey comme il passait suivi du ministre de la Plume portait allègrement ses nombreux ans, et ne pensait guère alors que sa fin fût si proche.

Il n'y a pas grand'chose à voir aux environs de la Marsa, si ce n'est encore les ruines d'un palais inachevé ayant appartenu jadis à un riche seigneur dont l'histoire mérite d'être contée. Ce courtisan, fort bien en cour, vit tout à coup pâlir son étoile : on l'avait desservi auprès du souverain. Résolu à sauvegarder sa fortune compromise, il paya d'audace. Pour écarter les soupçons, il déclara au Bey que, désirant se rapprocher de lui, il voulait quitter la ville et se fixer à la Marsa.

L'habile homme fit alors commencer une somptueuse demeure, et, sous le prétexte de presser les ouvriers il y vint chaque jour.

Ayant, sans bruit et sans tapage, réalisé sa fortune en argent liquide et en pierres précieuses, il en apportait quotidiennement de pleines cassettes à sa nouvelle propriété.

Une belle nuit, les coffrets furent chargés dans une barque. Un vaisseau attendait au large l'astucieux personnage et sa famille. Il fit lever l'ancre.

Beau temps, bonne brise !

Les voiles se gonflèrent.

Oncques ne les revit.

TYPE DE CHEVAUX DE SIDI-THABET

« MIRANDA »
JUMENT
D'ATTELAGE

« SEZAB »
PONEY

« BIBELOT », CHEVAL AYANT GAGNÉ DES COURSES A MALTE ET A TUNIS

Le HARAS de SIDI-THABET

Elle est jolie la route qui conduit de Tunis à Sidi-Thabet. Les berges et fossés sont couverts de cyclamens de Perse, qui dressent du milieu de feuilles mouchetées leurs têtes blanches teintées de rouge et de violet.

Comment résister au désir de sauter de voiture pour en cueillir des bottes ? Mais hélas! à peine cueillies, ces fleurs meurent entre vos doigts, plus sensitives que les amandiers poudrés à frimas dont les boutons s'effritent entre les mains de ceux qui préfèrent jouir de la fleur en sacrifiant le fruit.

On parle tant du Haras de Sidi-Thabet que cette promenade s'impose à tous ceux qui passent quelques jours à Tunis.

A la voiture légère qui nous y conduit sont attelés des chevaux qui proviennent du haras. L'un d'eux est même le frère de ce trop fameux Flamberge, diable à quatre, dont la robe alezan doré flamboyait comme son nom.

Quand nous avions été le choisir à Sidi-Thabet il y a quelques années de cela, le directeur du haras avait aimablement fait rentrer tous les chevaux à l'écurie.

C'est un coup d'œil charmant que celui de deux cents chevaux : poulains, pouliches en liberté, revenant au galop, se pressant, se bousculant pour regagner leurs écuries respectives. Et le premier essai de dressage! Quelle émotion il cause aux visiteurs qui n'en soupçonnent pas les difficultés.

L'animal, auquel, avec des précautions infinies, on met pour la première fois une selle sur le dos et un mors dans la bouche, frémit de tous ses membres, plutôt secoué de rage que de terreur. Son œil lance des éclairs.

Un cavalier pourtant adroit et habile tente-t-il, à l'improviste, de le monter, le jeune animal se révolte, se dresse, bondit des quatre pieds à la fois, part comme une flèche ou se rase sur le sol, bref, se défend avec une souplesse extraordinaire.

La patience et le sang-froid du cavalier peuvent seuls venir à bout de la bête capricieuse. Lorsqu'il a réussi à la dompter, il la force alors, à coups d'éperon, à galoper vite, plus vite, jusqu'à ce qu'il la ramène enfin, essoufflée et complètement assagie.

Avec cette intelligence innée des barbes, le poulain comprend qu'il a trouvé son maître.

Mais qu'on lui change son cavalier, de nouveau l'indiscipliné recommencera toutes ses incartades.

On peut se demander pourquoi les chevaux de Sidi-Thabet sont si difficiles à monter, alors que les Arabes font ce qu'ils veulent des leurs : l'explication est très simple : dès qu'un poulain est né les Arabes aiment à le voir suivre la mère.

Les chevaux vivent familièrement avec eux, sous leur tente, aux champs, au milieu des enfants, ils sont les favoris des douars.

A peine en âge de porter un fardeau, on commence à les charger suivant leurs forces, et le dressage se fait petit à petit sans donner aucune peine.

A Sidi-Thabet, au contraire, les chevaux sont élevés comme des animaux sauvages; on ne prend d'autre soin que de leur donner un peu de nourriture à l'écurie et de les faire rentrer à la nuit tombante. De là des endiablés qui rappellent les chevaux d'Amérique dont les cow-boys seuls peuvent se rendre maîtres.

J'ai vu les animaux indomptés de Buffalo ; j'ai admiré l'adresse, la dextérité de leurs cavaliers, et j'ai retrouvé dans les barbes de Sidi-Thabet, les mêmes défenses, les mêmes révoltes. Mais revenons à Flamberge. Quel retour mouvementé suivit son acquisition ! A cette époque on fermait dès le crépuscule les portes de Tunis.

Or, par fantaisie j'avais préféré un petit chemin de traverse à la route macadamisée, comptant sur l'intrépidité du poney assagi que je conduisais et qui avait jadis gagné des courses à Malte.

Nous arrivâmes tard au pied des murs de Tunis qu'il nous fallait longer pour rentrer en ville et comme le soleil se couche brusquement en ces pays de lumière, surpris par l'obscurité, force nous fut de mettre pied à terre, de prendre lanternes en main pour éclairer la route et éviter de tomber dans les fondrières.

Après avoir suivi les murailles durant trois kilomètres, escortés de chiens arabes aboyant furieusement, comme nous désespérions d'atteindre l'une des portes principales de Tunis (une les seules qui s'ouvraient à cette heure tardive devant ceux qui déclinaient leurs noms et qualités), la lune se leva radieuse et sa clarté bienfaisante nous permit de terminer heureusement notre équipée.

UNE PORTE DE TUNIS

UN COURTIER ISRAÉLITE A TUNIS

Une VISITE
de GUY de MAUPASSANT

14 Mars.

Le ciel a les tons éteints et charmants que les étoffes ont à Tunis, soit qu'elles aient été teintes ainsi à plaisir, soit que le soleil par la violence de ses baisers les ait adoucies et pâlies.

Je charge Siméon, petit courtier juif en complet genre anglais et coiffé d'une chéchia, de faire broder pour moi, chez ses coreligionnaires, une gandoura mandarine comme celle qu'il m'avait procurée jadis, toute pareille à la djeba achetée par M. de Maupassant.

Siméon comme toujours me parle du romancier, il se rappelle les moindres détails du séjour qu'il fit en Tunisie.

Il semble, à l'entendre, que c'était hier et non en 1889 qu'il servit de cicerone à Maupassant.

Comme lui, j'aime à évoquer l'image de l'auteur de *Bel Ami* et tout en marchant nous égrenons le chapelet de nos souvenirs.

M. de Maupassant se croyait marqué au front par le doigt du destin et afin de calmer ses humeurs noires, d'apaiser le dégoût de l'humanité qui montait de son cœur à ses lèvres, pour fuir aussi les importuns, il se réfugiait sur son petit bateau qui portait crânement le nom de son chef-d'œuvre.

Mettant *Bel Ami* à la voile, il fuyait loin des bruits du monde pour vivre la vie des matelots sur les vagues bleues de la Méditerranée sa bien-aimée.

Insouciant, nonchalant, il naviguait jour et nuit ne faisant escale que dans les ports les moins fréquentés, aimant les tempêtes et le vent qui détendaient ses nerfs et calmaient sa fièvre.

C'est ainsi qu'il vint à Tunis se retirer dans un modeste appartement sur « la Marine », évitant le tumulte et l'agitation des hôtels pour observer et étudier les mœurs arabes.

Mais l'incognito d'un homme célèbre, chimère !

Sa retraite vite découverte, il dut se résigner à se laisser fêter, Il consentit même à présider plusieurs banquets dont l'un nous fournit l'occasion de faire sa connaissance. Invité à notre petite maison de campagne, il accepta en dépit de la sauvagerie qu'il affectait à plaisir, et durant les heures trop courtes que Maupassant resta sous notre toit, avec une franchise charmante, une spontanéité qui me conquit mieux et plus que son incomparable esprit de fin causeur il m'entretint en toute confiance des diables noirs qui le tourmentaient.

Cette simplicité aimable dont il n'était pas coutumier fit naître entre nous une sympathie réelle et spontanée.

Je n'avais jamais rencontré M. de Maupassant avant cette date du 12 janvier 1889 et lorsque je songeais à l'auteur de ces pages que j'aimais à lire et relire je croyais voir glisser devant mes yeux une ombre svelte, élégante comme le nom qu'il portait.

Pour cette petite réception on était convenu de la tenue de campagne, notre hôte portait des vêtements de couleur sombre, mais une cravate et des chaussettes d'un ton trop violent que laissaient voir ses souliers découverts apportaient une note discordante à sa toilette.

Comme je cherchais une phrase de bienvenue, me devançant mon hôte me dit : « Je me sens très souffrant, Madame, j'ai ma fâcheuse névralgie, mais j'ai craint de paraître maussade en ne me rendant pas à votre charmante invitation. On m'a promis de laisser l'heure du retour à ma volonté, me le permettez-vous aussi ? »

Pendant que nous échangions ces banalités, je remarquai la petitesse de taille de Maupassant, le peu d'élégance de sa démarche.

Cette impression défavorable s'effaça bien vite devant l'amabilité qu'il déploya.

Quel charme de parole, quelle richesse de mots quand il compara Tunis à Alger !

Il avouait toutes ses préférences pour cette dernière ville « où la note du blanc domine ». Et il expliquait : « Tout est blanc à Alger, les murailles, les Arabes et je sens un charme, une monotonie dans cette blancheur, tandis que Tunis n'est que la capitale éblouissante d'Arlequin. »

Cette jolie comparaison servit de thème à un article que Maupassant écrivit sur Tunis pour le *Gaulois*.

Sa plume magique sut y rendre d'une façon inimitable les grâces de la cité du lac Bahira, rappelant que les Arabes, en leur poétique langage, la comparent à un « burnous étendu sur le sol. »

Et le romancier se complut à décrire les beautés de cette ville qu'il déclarait être la cité la plus attrayante du continent africain. Il oubliait volontairement sans doute, comme pour remercier les habitants de leur accueil, celle qu'il avait vantée d'abord, la chérie de son cœur : Alger la suave ! »

Ce sujet épuisé, Maupassant se mit à parler d'abondance, choisissant lui-même les questions à discuter.

Et comme pour s'en excuser, il alléguait cet axiome que beaucoup devraient mettre en pratique : « Je ne parle jamais que des choses que je sais », puis changeant de sujet il ajouta : « Je professe l'horreur du théâtre et je ne m'y rends que sur les pressantes instances d'un camarade et pour applaudir sa pièce.

Je fuis également l'opéra. La musique, pour moi, est lettre close, le bruit des instruments ne charme pas mon oreille, il la fatigue. »

Maupassant se calomniait, cette nature d'artiste était trop

admirablement douée pour que son âme demeurât insensible à ses accents.

Je crois plutôt qu'il en redoutait l'émotion parce qu'elle lui apportait une sensation suraiguë de nervosité et d'affolement.

N'est-ce pas cela qu'il a exprimé dans ce passage de « Fort comme la mort » qui trouve, naturellement, sa place ici :

...« Puis après un profond silence, les premières mesures de
« l'introduction s'élevèrent, emplirent la salle de l'invincible et
« irrésistible mystère de la musique qui s'épand à travers les
« corps, affole les nerfs et les âmes d'une fièvre poétique et ma-
« térielle, en mêlant à l'air limpide qu'on respire une onde
« sonore qu'on écoute. »

Le sujet favori du romancier, celui qui le passionnait était la médecine. Il l'avait étudiée particulièrement et s'intéressait surtout aux effets de la morphine et de l'antipyrine sur l'organisme.

« Je regarde l'antipyrine comme le plus dangereux des remèdes, disait-il, car c'est le seul qui agisse directement sur certains nerfs de notre boîte pensante : elle les paralyse.

« La plus petite dose trouble mon cerveau et les jours où j'en absorbe, mes idées se diffusent et sous ma plume les mots se mêlent ».

Cette fièvre, cet affolement des nerfs, cet épuisement progressif de son cerveau, l'admirable écrivain les combattait tour à tour par des stimulants et des soporifiques, qui devaient peu à peu le miner et le précipiter dans l'abîme final.

En nous quittant, notre hôte nous promit de revenir à pareille époque l'année suivante.

Hélas ! l'homme propose et Dieu dispose, Maupassant n'est jamais revenu !

Le spleen, dont il se plaignait et dont on le plaisantait trop facilement finit par aboutir à son internement dans la maison de santé du docteur Blanche le 30 décembre 1892.

Un ami fidèle l'y accompagna et par sa tendre sollicitude lui adoucit l'épreuve. En voyant les objets qui l'entouraient, le malade se rappelant qu'il était déjà venu dans cet asile de mort eut un pâle sourire et son regard fixe exprimant plus d'ironique résignation que de révolte semblait dire : « C'était fatal, après mon frère, c'est moi ! »

Et sans révolte, sans lutte, il consentit à demeurer seul dans cet asile où la mort vint, le 6 juin 1893, le délivrer de ses souffrances.

MÉGRINE, COTÉ DU SUD

MÉGRINE

15 Mars.

Notre enclos n'est qu'un bouquet. Des mimosas fleuris le parfument et les champs qui l'entourent sont curieux ; ils font à l'horizon des taches bleues, roses et lilas et s'étendent comme des tapis embaumés. Ce sont les parterres d'Allah, cent fois préférables à ceux des hommes. Nous sommes vraiment en la saison des fleurs. Les trèfles incarnats dressent leur tête de velours au-dessus des liserons aux corolles délicates, mousselines fripées, qui se devinent timides au milieu du fouillis de leurs tiges fragiles.

Les anthémis dominent orgueilleusement des coquelicots, des résédas sauvages, des narcisses odorants et des anémones, les unes mauves, au cœur noir, s'ouvrant largement, les autres toutes petites d'un rouge si provocant qu'on les a surnommées « gouttes de sang ».

Et les Arabes que leurs affaires appellent aux champs nous saluent avec une bonne grâce, une nuance de respect que la civilisation tend à faire perdre à ceux à qui on cherche à l'imposer.

Hélas! le moment du départ approche et j'en ressens une vraie tristesse!

Je dois quitter Mégrine, abandonner notre petite maison. Nous partis, il me semble qu'elle sera banale sinon hostile à ceux qui tenteraient d'en franchir le seuil.

Sa simplicité a besoin de la grâce que les femmes répandent autour d'elles.

Seule une main féminine sait disposer, dans une maison, les bibelots. Les simples bouquets qui l'embellissent, comme le narcisse épinglé au turban de l'Arabe donne au visage le plus sombre et le plus fermé une clarté, un attrait singuliers.

Et cette petite fleur qui n'est rien est tout le charme des yeux, la joie de vivre là...

MAHMOUD

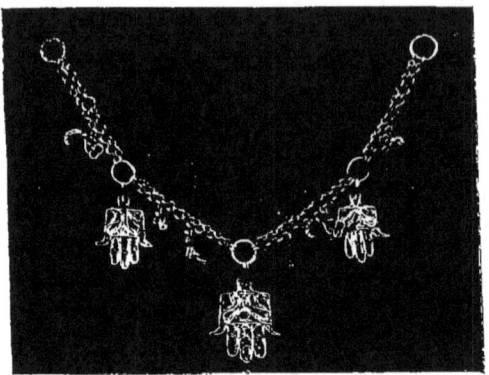

PORTE-BONHEUR ORNÉ DE MAINS DE FATMA

Une DERNIÈRE APRÈS-MIDI à TUNIS

16 Mars.

Une dernière fois nous allons dans les Souks, nous achetons, au hasard, des miroirs de nacre, des écharpes brodées, des derbouckas et des colliers dorés porte-bonheur pour les mules.

Ces chaînes sont ornées de mains de Fatmas, toutes petites, qui tintent avec un bruit de grelots.

Que faire de ces objets ? Les mettrons-nous au cou d'un petit ânon du fondouk ou bien en ferons-nous, à la maison, un usage qui surprendrait étrangement ceux qui les ont fabriqués ?

Je crois que les fétiches se transformeront en de gracieuses et originales embrasses de rideaux!

En attendant, nous nous amusons à les regarder et à les secouer ces chaînes dont les mains, précieuses amulettes, me rappellent d'autres petites mains vivantes s'agitant au travers des écrans de bois ajouré qui dissimulent les fenêtres des palais dans le quartier arabe.

Nous frappons en cadence sur les derbouckas comme nous l'ont enseigné les négresses et un instant nous redevenons enfants au milieu de ce peuple enfant.

UN DÉSŒUVRÉ A TUNIS QUI PROMÈNE LES VOYAGEURS QUAND CELA LUI PLAIT

Notre courtier habituel, un jeune Arabe nommé Ali, nous accompagne dans une gandoura rose pâle brodée de gris perle, posée sur un gilet bleu ciel.

Il affecte l'air sérieux d'un homme et reste grave, mais il roule mal son turban. Je crains qu'il ne soit pas un fervent et préfère les cafés indigènes à la mosquée. Les malveillants insinuent qu'au lieu de brûler des petits cierges, ses largesses vont aux danseuses.

En quittant la ville pour rentrer à Mégrine, nous admirons la beauté d'un coucher de soleil, mais combien plus impressionnant et plus tendre sera, ce soir, le lever de la lune!

Du toit de notre demeure, bien tard dans la nuit nous regarderons ce globe d'or bruni dans un ciel pailleté d'innombrables constellations éclairant d'une lumière pleine de poésie, les montagnes et le lac d'un bleu profond.

Et nous comprenons la puissance que Tanît exerçait ici même, jadis, sur les peuples idolâtres et que cet astre à la face énigmatique ait pu être considéré par eux comme l'arbitre de leur destinée.

TUNIS

LE DÉPART DU TRANSATLANTIQUE

Le JOUR du DÉPART

Au moment de monter sur le bateau qui doit nous ramener en France, ma pensée s'assombrit à l'idée de renoncer à cette vie de saine et absolue liberté.

Je suis effrayée de reprendre la vie prosaïque et trop pleine d'occupations fastidieuses et banales... C'est presque les larmes aux yeux qu'une dernière fois je regarde la foule bigarrée qui se presse autour des transatlantiques à quai, lesquels pleins de tapage et d'agitation, avec leur forme allongée, et la couleur sombre de leur coque me font penser à de grosses mouches bourdonnantes.

On enlève les amarres, la sirène fait entendre son sifflement aigu. Une fumée noire enveloppe le pont, petit à petit le quai s'éloigne nous suivons lentement l'étroit chenal.

Dépassant la Goulette et Sidi-Bou-Saïd nous gagnons le large.

On dirait que le hasard a pris plaisir à diminuer notre chagrin de quitter ces rives.

Tunis s'estompe en sa blancheur sous un ciel lourd de nuages, la mer déferle, les vagues moutonnent, nous n'aurons pas en ce moment suprême de l'adieu, l'admirable vision du grand ciel africain.

La traversée se fait sans danger quoique dépourvue d'agrément ; nous sommes condamnés à rester enfermés dans nos cabines. Le vent souffle avec rage et retarde de quelques heures notre arrivée à Marseille. Enfin nous débarquons à la Joliette.

En touchant la terre de France nous sentons s'atténuer le regret de tout ce que nous avons laissé derrière nous.

« Le retour fait aimer l'adieu » a dit le poète des Nuits.

Le retour !... n'est-ce pas la joie profonde de revoir des visages chers, de serrer des mains amies, d'entendre des paroles de bienvenue, de goûter le bonheur des amitiés fidèles. En dépit de la beauté des terres lointaines, ceux qui ont un foyer dans leur patrie ne peuvent voyager sans cesse, et après tout les affections créent des devoirs qui ont leur charme.

LE CANAL DE LA GOULETTE

LA BARQUE DU PILOTE DE LA GOULETTE

Table des Matières

Une gravure en couleur hors texte : Tombeau supposé d'une prêtresse de Tanit à Carthage. Épigraphe d'Abel Bonnard.

	Pages
Préface de M. Guglielmo Ferrero....................	v

1

ITALIE ET ADRIATIQUE

Lugano..	5
Venise..	9

Dalmatie

Zara..	21
Scardona......................................	25
Les gorges de la Kerka et Sebenico.............	27
Traü..	33
Spalato.......................................	35
Salone et Clissa..............................	39
Lesina..	41
Curzola.......................................	43
Raguse..	47
De Raguse aux Bouches de Cattaro...............	57

Les Bouches de Cattaro

Risano et Perasto.............................	63
Cattaro.......................................	69

Corfou

Corfou..	75
Palæocastrizza................................	79

Sicile

	Pages
Messine	85
Lipari et Vulcano	89
Taormine	91
Aci Reale	95
D'Aci Reale à Catane	97
Catane	99
Syracuse	103
Trapani	105
Palerme	114
Les principaux monuments de Palerme et Monreale	115

Sardaigne

Bosa	133
Macomer	135
Sassari	141
Cagliari	145

Corse

Bonifacio	149

L'Ile d'Elbe et la Côte Italienne

L'Ile d'Elbe	155
Livourne et Massa	157
Carrare	159
La Spezzia	163

II

ALGÉRIE ET TUNISIE

Algérie

Alger	169
Constantine	175
En route pour Biskra	179
Biskra	181
Sidi-Okba	191
En route pour Tunis	197

Tunisie

	Pages
Mégrine...........................	201
Dans les souks de Tunis...........	211
Promenade à Tunis................	219

Les Harems

Les harems à Tunis................	229
Une visite chez Mohamed...........	233
Chez un potentat tunisien..........	239
Une noce juive...................	245
Jour de Noël.....................	251

Les Environs de Tunis

Carthage.........................	255
Utique...........................	261
Le Bardo.........................	263
Radès............................	271
Dans un douar à Mégrine...........	275
La Mohammedia...................	281
Sidi-Fethalla.....................	285
Le tombeau de Lella-Manouba......	287

Dans le Sud

Kairouan par l'Enfida..............	293
Les Aïssaouahs...................	305
Sousse...........................	309
Le camp de Moukenine............	311
Sfax.............................	325
Djerba...........................	335
Gabès............................	337
Tripoli...........................	345

Les Iles Maltaises

Malte............................	353
Gozzo............................	363

Retour du Sud

A Tunis..........................	369
La pluie de sang..................	379
Promenade au bord du lac Bahira...	381

Hier et Aujourd'hui

	Pages
Mateur	385
Fantasia à Mateur	395
Sala	403
La Marsa	411
Le haras de Sidi-Thabet	419
Une visite de Guy de Maupassant	423
Mégrine	427
Une dernière après-midi à Tunis	429
Le jour du départ	433

Errata :

Page 25 *au lieu de* Sébénico *lire* Sebenico.
— 28 *au lieu de* Sébénico *lire* Sebenico.
— 43 *au lieu de* Melena *lire* Meleda.
— 79 *au lieu de* Paleocastrizza *lire* Palæocastrizza.
— 109 *au lieu de* Igeia *lire* Igiea.
— 112 *au lieu de* St Giovanni degli *lire* St Giovanni degli Eremiti.
— 112 *au lieu de* Crimiti *lire* Eremiti.
— 119 *au lieu de* Monréale *lire* Monreale.
— 216 *au lieu de* Chalit *lire* Chalis.
— 237 *au lieu de* Chalit *lire* Chalis.
— 361 *au lieu de* Meggiarro *lire* Migiarro.
— 365 *au lieu de* Méjiarro *lire* Migiarro.
— 417 *au lieu de* Sezab *lire* Séyab.

Imprimerie ALCAN-LÉVY, 117, rue Réaumur, Paris

www.ingramcontent.com/pod-product-compliance
Lightning Source LLC
Chambersburg PA
CBHW070542230426
43665CB00014B/1783